Ludwig Bechstein

# Aus dem Sagenschatz der Ostpreußen und Pommern

Herausgegeben
von
Wolfgang Möhrig



Husum

Umschlagbild: W. Rosmäsler, „Gross Stubbenkammer", 1836

Textillustrationen aus: „Das malerische und romantische Deutschland". Die Veduten des Reisewerks aus den Jahren 1836–1841, Dortmund 1979

CIP-Titelaufnahme der Deutschen Bibliothek

**Aus dem Sagenschatz der Ostpreussen und Pommern** / Ludwig Bechstein. Hrsg. von Wolfgang Möhrig. – 3. Aufl. – Husum : Husum Druck- und Verlagsges., 1991
(Husum-Taschenbuch)
ISBN 3-88042-210-9
NE: Bechstein, Ludwig [Bearb.]; Möhrig, Wolfgang [Hrsg.]

3. Auflage 1991

Satz: Fotosatz Husum GmbH
Druck und Verarbeitung: Husum Druck- und Verlagsgesellschaft
Postfach 1480, D-2250 Husum
ISBN 3-88042-210-9

# *I. Sagen aus Ost- und Westpreußen*

## *1. Die Könige Widewuto und Bruteno*

Es waren in alten Heidenzeiten zwei Brüder im Lande Preußen, bevor es noch diesen Namen führte, die herrschten über den kimbrischen Volksstamm und waren auf Flößen an das Ostseegestade gefahren gekommen, hatten das Land eingenommen und sich mit ihrem Volke Wohnsitze gebaut. König Widewuto erfand den berauschenden Trank des Met zu bereiten, und Bruteno diente den Göttern als oberster Priester, und beide wurden hochbetaget. Da Bruteno einhundertundzweiunddreißig Jahre alt geworden, Widewuto aber einhundertundsechzehn Jahre, so versammelten sie all ihr Volk zu einem großen Opferfesttag und verteilten das Land. Widewutos ältester Sohn hieß Lithuo, der empfing, indem er den Göttern Gehorsam gelobte und Andacht und indem er mit der einen Hand seines Vaters Haupt berührte und mit der andern die heilige Eiche, das Land vom Briko und Nyemo (Bug und Niemen), den beiden Flüssen, bis an den Wald Thamsoan, und dieses Land wurde dann nach ihm Litauen geheißen. Hierauf gelobte Widewutos zweiter Sohn, des Namens Samo, und empfing auf gleiche Weise das Land von Krono und Hailibo bis an das Wasser Skara, und das wurde hernachmals Samland genannt. Samo hatte ein Weib, die hieß Pregolla, die ist später in dem Flusse Skara ertrunken, und darauf hat dieser Fluß den Namen Pregel empfangen. Widewutos übrige Söhne, deren noch zehne waren, empfingen allzumal auch weites Land, darinnen ein jeder Raum hatte zu herrschen. Bruteno, der den Göttern als erster Priester diente, hatte keine Söhne, aber nach seinem Namen wurde Land und Volk genannt, Brutenien und Brutenen, aber die Masovier, der Brutenen Feinde, nannten sie Bruti – darüber entspann sich ein Krieg, und die Brutenen wollten sich nicht Bruti, das ist wilde Bestien, schimpfen lassen; darauf nahmen die Masovier Vernunft an und nannten die Brutener auch prudentes und praescii, das ist die Gescheiten, daraus ist der Name Pruski und Preußen geworden, und diesen Namen haben sie sich eher und besser gefallen lassen und ihn vor andern liebgewonnen und beibehalten.

## 2. *Romove*

Wo die heilige Eiche der alten Preußen stand, war eine große Stadt, und die hatte von ihren Erbauern, welche einen Heereszug gen Rom gemacht hatten, den Namen Roma nova erhalten, daraus ward in der Folge Romove. Die Eiche war sechs Ellen im Durchmesser, Sommer und Winter blieb sie grün, und durch ihr dichtes Gezweig und Laub fiel nicht Regen noch Schnee. Ringsum war durch acht Ellen hohe seidene Vorhänge ihres Stammes Anblick den Uneingeweihten entzogen. Drei Götter wurden unter dieser heiligen Eiche verehrt, das waren Perkunos, der Donnergott, Pikollos, der Todesgott, und Potrimpos, der Kriegsgott und der Ernten. Geopfert wurden diesen Göttern alle Christen, welche die heidnischen Preußen in ihre Gewalt bekamen.

Außer dieser heiligen Eiche standen deren noch mehr im alten Preußenlande, alle vom Volke hochverehrt und beschirmt, so eine nahe bei Wehlau an der Straße von Königsberg nach Ragnit; eine andere stand am Flüßchen Bachnau, ohnweit dem Frischen Haff, eine dritte eine Stunde davon, wo die Stadt Thorn liegt, nach dem Meeresstrande zu. Die heiligen Eichen und selbst die Plätze, darauf sie gestanden, blieben noch lange lange Zeit beim Volke in hohen Ehren, als längst schon das Christentum ihm mit Feuer und Schwert gepredigt worden war.

Als dies geschehen, wurde zu Romove eine Kirche und ein Kloster erbaut, es ist aber damit, wie mit der ganzen Stadt, zum Ende gediehen, und es ist kaum noch eine Spur mehr von Stadt, Kirche und Kloster vorhanden.

## 3. *König Widewuto opfert sich selbst*

Da König Widewuto oder Waidewut, wie er auch genannt wird, zu hohen Jahren gelangt war und die Lande an seine Söhne alle verteilt waren und er fühlte, daß er nicht mehr kühnlich gegen die Feinde stehen könne, da ließ er nahe der heiligen Eiche zu Romove einen Holzstoß schichten und Tieropfer darbringen, er selbst aber stand in allem Glanze seiner Königswürde, hielt eine

Schale voll Met und goß diese einer schwarzen Kuh zwischen die übergoldeten Hörner und sprach vor dem Volke, das mit brennenden Fackeln den lohenden Scheiterhaufen umstand, ein Gebet zu seinen Göttern: Euch alle, ihr Götter der Erde und des Meeres, des Lichtes und der Finsternis, dich, Donnerer Perkunos, dich, Pikollos, Gott des Todes, und dich, Potrimpos, Gott der Schlachten, rufe ich an, daß euer Auge auf mich sich lenke und senke, auf mich, den König, der seinem Volke sich selbst zum Opfer darbringt, damit es siege und in Ruhm und Ehren fortbestehe für alle Zeiten! Und als der König diese Worte gesprochen, stürzte er sich mutvoll in die lodernde Flammenlohe, und das Volk warf seine Fackeln über ihn und erhob das Geschrei der Klage und den Gesang der Schlacht, und die Krieger schlugen dreimal auf ihre Schilde, daß sie dröhnten und von ihrem Schall die Luft erzitterte und die Wälder ihn widerhallten.

## *4. Sankt Adalbert*

Der erste Christenpriester, der das Licht des Evangeliums nach dem alten Preußenlande trug, war der heilige Adalbert. Er kam aus Polen, wo er die Lehre Christi gepredigt, und verkündete das göttliche Wort im heutigen Kulmer Lande, dann in Pomesanien. Von da kam er nach Danzig und nach Samland. Aber an der Stätte in der Nähe des Bernsteinortes Fischhausen, wo am Strande der Ostsee noch die Ruinen von Sankt Adalberts Kapelle einsam trauern, überfielen die Heidenpriester den heiligen Mann und töteten ihn mit sieben Wunden. Als der Polenkönig Boleslaus Gorvin diese Tat erfuhr, wünschte er den Leichnam des heiligen Märtyrers, aber die Priester heischten für denselben so viel Goldes, als der Leichnam schwer sei. Da sendete der König vieles Gold, allein es wog den Körper noch nicht auf, bewegte noch nicht die Schale, darauf der Leichnam lag. Da warfen die Abgesandten des Königs noch ihr eignes Gold hinzu, vergebens. Weiter so kamen noch preußische Christen, die Adalbert getauft hatte, und gaben alle ihr Gold – aber alles vergebens. Da kam ein altes Weib, die sahe, daß die Leute Gold auf die Wagschale warfen, und wollte ihr Scherflein auch darbringen, sie hatte aber nur zwei Pfennige, die warf sie zu dem Golde, und siehe, alsogleich sank die Schale mit Gewalt, und der Leichnam stieg in die Höhe, und mußte wieder weggenommen werden alles hinzugelegte Gold, und als nichts mehr auf der Schale lag als die zwei Pfennige der Frau, da traten beide Schalen in das Gleichgewicht und ward so der heilige Leichnam aufgewogen.

## *5. Heiligenbeil*

Als die Heidenpriester am preußischen Ostseestrande den heiligen Adalbert erschlagen hatten, vernahm das Anselmus, der Bischof von Ermeland, der machte sich auf und kam zu der großen heiligen Eiche, unter welcher ein Heidengötze verehrt ward und die Waidewut, der König, mit seinem Bruder Bruteno, dem obersten Priester, selbst geheiligt hatte. Diese Eiche war nicht kleiner wie die zu Romove und blieb ebenfalls im Sommer und Winter gleich grün. Da nun der neue Apostel kam, so begann er an der Eiche zu predigen und befahl alsbald einem Christen, der ihn begleitete, mit der Axt Hand an den geheiligten Stamm zu legen. Allein der führte kaum den ersten Hieb in den Baum, so entfuhr die Axt dem Schaft, sprang zurück und jenem an den Kopf, daß er alsbald entseelt niedersank. Da erhoben die Heiden ein frohlockendes Jubelgeschrei. Aber der fromme Anselmus ließ sich nicht schrecken. Er nahm eine neue Axt und führte in den Baum Hieb auf Hieb, und es geschah kein weiteres Zeichen. Dann ließ er die Eiche samt dem Götzen niederbrennen, erbaute an jener Stätte eine Kirche, darin das Beil verehrt werden sollte, und es gründete und bildete sich um dieselbe eine Stadt, die nannte man Heiligenbeil. Das Beil ist wohl im Laufe der Zeiten abhanden gekommen, aber die Stadt führt den alten Namen fort und führt auch das Beil in ihrem Wappen.

## *6. Das Bernsteinrecht*

Am Gestade des Frischen Haff war vorzeiten das edle Naturgeschenk des Bernsteins überaus reich. Aber der Menschen Habgier schmälert gar oft den Gottessegen. Sonst konnte den Bernstein, den die See an den Strand warf, auflesen, wer wollte, aber das ist schon lange her. Als der Marienorden in das Samland kam, eignete er sich den Alleinbesitz des Bernsteins zu, und Bruder Anselmus von Losenberg, der Vogt auf Samland, machte ein neues Recht und Gesetz, daß jeden Sammler, der nicht vom Orden Erlaubnis oder Auftrag habe, die Strafe des Stranges treffen solle. Das ging dem Volke schwer ein, daß es nicht aufheben sollte, was verstreut am Boden lag und keines Menschen Eigen war, insonderheit dem Volke der Fischer, bei dem es leichtlich geschehen konnte, daß eine Meereswelle ihnen ein Stück oder etliche in Boot und Nachen warf. Aber der Vogt hielt unerbittlich auf seinem Gesetz, und wer zur Anzeige kam und des geständig war, daß er Bernstein aufgehoben, ward gehenkt ohne Gnade am ersten besten Baum. Als aber Anselmus, der Vogt, gestorben war, hat es nicht gut um die Ruhe seiner Seele gestanden. Man hat seinen irren Geist in Sturmnächten, in denen die See den meisten Bernstein auswarf, am Strande wandeln sehen und ihn rufen hören: O mein Gott! Bernstein frei! Bernstein frei! –

Und seit so viele Menschen um des Bernsteins willen eingekerkert, gequält und hingemordet worden sind, ist des Bernsteins viel, viel weniger geworden und wirft die See nicht den tausendsten Teil so viel mehr aus als sonst. Es war eine Zeit, da baute und bildete man aus Bernstein Altäre, Heiligenstatuen, große Prunkschreine und kostbare Gefäße, hoch und weit und voll köstlicher Zierat, das kann heutzutage nur noch selten gemacht werden, man bildet nur allerlei kleines Gerät und Tand daraus.

Bisweilen sehen die beutesüchtigen Strandreiter und Wächter große herrliche Stücke in der Ufernähe schwimmen, wenn aber die Mannschaft mit den Gezeugen hinrudert und sie einfischen will – ist's ein Blendwerk und ein Schaum.

## *7. Die Nixe von Nidden*

Der Ort Nidden am Kurischen Haff könnte auch Midden heißen, denn er liegt so recht mitten auf der Kurischen Nehrung, dieser längsten Landzunge weit und breit. Es ist nicht geheuerlich, dort abends einsam zu wandeln. Manchem ist es schon geschehen, daß er dort am glatten Spiegel des Kurischen Haffs wandelte, da sahe er nicht weit vom Uferrande ein grünes Eiland von nicht großem Umfange, von dem wehte Blumenduft zu ihm herüber und süßbetörender Gesang, und er sah wohl eine weiße Jungfrau auf dem Eiland, die winkend ihren Schleier wehen und ihre Stimme so wonnesam erschallen ließ wie die Lurlei am fernen Rheinstrom. Wenn nun ein Jüngling hingerissen von der Allgewalt dieses Gesanges, der in Worten das Glück pries, bei ihr auf ihrer glückseligen Insel zu weilen im trauten Alleinsein, und angelockt vom Zauber der Schönheit der ihm sehnsuchtvoll zuwinkenden Jungfrau, die immer näher kam, weil sie auf einer schwimmenden Insel stand, zu ihr hinüberzuschwimmen strebte, so floh die Insel wieder vor dem Schwimmer, daß er ihren Strand nimmer erreichen konnte und nimmer festen Boden gewinnen, und endlich sah er Jungfrau und Insel vor seinen Blikken versinken, und in dem Wellenstrudel, der dadurch entstand, ward auch er hinab zur Tiefe gerissen. Noch keiner von allen, die dieses treulose Glück versucht, ist wiedergekehrt, und nicht einmal einen Leichnam solcher hat die Meerfei der Tiefe zurückgegeben.

## *8. Der Glomssack zu Memel*

Ein Glomssack ist ein Sack, darinnen die litauischen Glomskäse aufbewahrt werden, die nicht so klein sind wie die zu Suhla im preußischen Henneberg, welches wohl die kleinsten Käschen auf der Welt sind, daher Gamaschenknöpfe genannt, und sonderlich appetitlich und köstlich. Zu Memel aber hing das Abbild eines litauischen Käsesackes in Erz gegossen und zwei Zentner schwer an der äußeren Festungsbrücke und diente als Gewicht beim Auf- und Niederziehen.

Einstmals ward Memel vom König Erich von Schweden hart belagert, wehrte sich auf das tapferste, zehrte aber auch so, und zuletzt war es mit dem Proviant Matthäi am letzten und Schmalhans sehr bedeutend Küchenmeister. Der ganze Vorratrest bestand in einem handlichen Glomskäse, und da dachten die Belagerten: Übergeben müssen wir uns doch, ob wir nun erst noch diesen Käse verspeisen oder nicht. Sie nahmen also den Käse und einen Glomssack, taten ihn hinein, luden ihn auf eine Blide und warfen ihn in das feindliche Lager, daß die Schweden dachten: Bomben und Granaten! Was kommt da für eine höllische Bombe? Wie es nun der große Käse war, so sagten die Schweden untereinander: Wo noch so viel zu essen ist, da können wir unsern Schwedentrunk nicht anbringen. Wenn diese Käsefresser es noch zum Wegwerfen haben, während bei uns im Lager Mangel einreißt, so tun wir besser, wir ziehen ab von Memel. So sprachen sie, ließen sich den Glomskäse schmecken und zogen ab. Die Memler aber zu dankbarer Erinnerung ließen einen Glomssack mit einem Glomskäse darin zum ewigen Andenken in Erz gießen und an derselben Stelle aufhängen, wo der wirkliche Käse hinausgeschleudert worden war.

## *9. Der Schloßvogt*

Auf dem runden Schloßberge über Tilsit hart am Ufer der Memel hüteten Hirtenknaben aus dem Kämmereidorfe Altpreußen ihr Vieh und standen betrachtend an einer recht in der Mitte des Berges tief in die Erde hinabgehenden Öffnung, erzählten auch einander dies und das, welche Bewandtnis es mit diesem unergründlichen Loche habe: daß vor alten Zeiten hier oben ein Schloß gestanden voll unermeßlicher Schätze, dessen tiefen Graben und doppelte Wälle man noch erkenne; daß dieses Schloß in einer Nacht plötzlich versunken sei, und das Loch sei der bis zur Bergeshöhe heraufreichende Schornstein; bisweilen lasse sich der Schloßvogt sehen, ein altes graues Männchen mit schneeweißen Haaren. Und da wurden die Hirtenknaben sehr neugierig, wie tief diese Höhle sei und ob sich nichts aus ihr erlangen lasse. Sie schleppten ein Seil herbei und banden den jüngsten ihrer

Schar, so sehr er sich auch sträubte und schrie, daran und ließen ihn hinunter. Das Seil war zweimal so lang wie der Kirchturm der deutschen Kirche in Tilsit und hing immer noch straff, obgleich sie schon längst das Schreien ihres Gefährten nicht mehr hörten. Endlich ward es leicht und krümmte sich, jener hatte also den Grund erreicht. Sie riefen hinunter – alles blieb still; sie warteten lange und bange – endlich zogen sie das Seil herauf – es war leicht und – leer. Voll Angst liefen nun alle vom Berge, und am andern Morgen wagten sie sich nicht wieder zum Schloßberggipfel. Noch trieben sie unentschlüssig auf der Straße, siehe, da kam der Knabe, den sie gestern in den Berg hinabgelassen, ihnen munter entgegen. Seine Taschen und seine Mütze waren voll Gold, und er erzählte nun seinen Kameraden, die ihn neugierig umringten, was ihm geschehen war.

Ich kam, erzählte er, in eine große Küche, darinnen funkelte es rings von prächtigem Geschirr und Geräte. Und da kam ein altes graues Männchen, das muß wohl der Schloßvogt gewesen sein, das grüßte mich freundlich und sagte: Das ist hübsch von dir, daß du mich auch einmal besuchst, habe nur nicht Bange, und band mich los vom Strick und führte mich durch das Schloß von einem Zimmer in das andere, da lag alles voll Gold und Schätze. Hernach wurde ich müde, da führte mich der Schloßvogt zu einem schönen Bette, darin schlief ich prächtig. Heute morgen kam das alte Männlein, als ich gerade ausgeschlafen hatte, an mein Bette, hieß mich aufstehen, füllte mir Mütze, Taschen und Hände voll Gold und sagte: Das sollst du vom Schloßvogt verehrt erhalten!, dann brachte er mich an ein enges Tor, schloß es auf und hieß mich hinausgehen. Wie ich draußen war, war ich im Tale, und wie ich mich umsah, war das Tor mitsamt dem Schloßvogt verschwunden.

Die Hirtenknaben verwunderten sich über diese Erzählung sehr. Sie beneideten ihren Kameraden um sein vieles Geld, dazu sie ihm doch eigentlich wider seinen Willen verholfen, und meinten, einen kürzeren Weg als durch den Schornstein hinab in das Goldschloß und zu Geld zu gelangen gäbe es auf der Welt nicht. Sie eilten daher auf den Berg, so schnell sie konnten, losten, welcher von ihnen zuerst hinabgelassen werden solle, und den das Los traf, den ließen sie hinunter unter Bedingung der Teilung dessen, was er empfangen würde. Richtig kam das Ende des Seils wieder leer herauf, und am andern Morgen gingen sie erwartungsvoll dem Kameraden entgegen. Aber er kam nicht und soll noch heute wiederkommen. Seitdem hat es keinen wieder gelüstet, in die Tiefe hinabgelassen zu werden.

## *10. Der Opferstein auf dem Rombinus*

Bei der Stadt Ragnit an der Memel, aber drüben jenseits des Flusses, erhebt sich ein bewaldeter und zerklüfteter Berg, der heißt Rombinus. Vorzeiten war auf ihm der alten Litauen berühmtestes und größtes Heiligtum, mit einem riesigen Steinaltar, auf welchem dem Gotte Potrimpos seine Opfer dargebracht wurden. Der Gott selbst sollte diesen Stein an jenen Ort gelegt haben und unter denselben eine goldene Schüssel und eine silberne Egge begraben, weil er der Gott der Fruchtbarkeit und der Ernte. Da war des Opferns auf dem Rombinus kein Ende, und die Sage ging schon damals, solange der Stein auf dem Berge liege, werde Litauen in Glückesblüte stehen, würde aber der Stein hinweggerückt, so werde der Berg selbst einstürzen und Unglück das Land heimsuchen, und diese Sage ging von einem Jahrhundert in das andere, als längst keine Opfer mehr auf dem Rombinus gebracht wurden.

Da kam – im Jahre 1811 soll es geschehen sein – ein deutscher Müller nach dem Dörfchen Barten (Bardehnen) nordöstlich vom Rombinus, der wollte zwei neue Windmühlen anlegen und suchte in der Gegend umher nach festen Steinen. Da kam er auch auf den Rombinus, und der Opferstein dünkte ihm baß geeignet zu seinem Werke. Allein die Umwohner sagten ihm, diesen Stein dürfe er nicht wegnehmen, von dem hange das Glück des Landes ab. Der Müller sagte den Leuten, daß sie noch im heidnischen Aberglauben befangen seien, ging zum Landrat und ließ sich die Erlaubnis schriftlich geben, den Stein wegnehmen zu dürfen. Diese erhielt er, denn der Landrat wollte nicht minder aufgeklärt sein wie ein deutscher Windmüller. Aber siehe da, die Erlaubnis half erst recht nichts, denn es rührte kein Arbeiter ringsumher eine Hand, auch nicht um den reichsten Lohn, den der Müller bot. Jetzt mußte der Müller erst im Lande herumreisen, sich herzhafte und nicht abergläubische Leute zu suchen. Endlich fand er nach langer Mühe drei kecke Gesellen, die erboten sich, den Stein zu sprengen und vom Berge wegzuführen, es war aber keiner von ihnen aus der Nähe des Rombinus. Einer war aus Gumbinnen, der zweite aus Tilsit und der dritte aus Altpreußen bei Tilsit. Jetzt gingen die vier Männer zum Rombinus hinauf und begannen die Arbeit. Der Müller tat den ersten Schlag auf den Stein, da fuhren zwei Splitter davon, die schossen ihm in die Augen, daß er alsobald erblindete und blind blieb sein Lebelang; vielleicht, daß er noch am Leben ist. Der Geselle aus Tilsit krellte sich beim zweiten Schlag, den er tat, den Arm so stark, daß ihm die Markröhre zersprang und er einen dritten Schlag nicht tun konnte. Aber den beiden andern Gesellen geschahe nichts, sie ließen sich auch nicht warnen, überwältigten den Stein und schafften ihn vom Berge herab. Als aber der Gumbinner Geselle nach getaner Arbeit wieder in seine Heimat wanderte, hat er diese nimmer erreicht und ist elendiglich am Wege hinter einem Zaun verstorben. Die goldene Schüssel und die silberne Egge, von der die Sage ging, hat keiner gefunden. Seit der Stein hinweg war, begann der Memelstrom am Berge zu arbeiten und zu nagen und ihn zu unterhöhlen, und im Jahre 1835, im September, geschahe nachts ein donnerähnliches Krachen und war ein großes Stück des Rombinus eingestürzt, und viele fürchteten, es werde noch mehr einstürzen und die alte Unglücksprophezeiung sich erfüllen.

## *11. Die fliegenden Toten*

In der Stadt Ragnit sind zwei Kirchhöfe, einer für die deutsche, einer für die litauische Gemeinde, einer östlich, der andere südwestlich von der Stadt, doch liegen sie so, daß zwischen ihnen weder Haus noch Hecke, weder Baum noch Zaun noch Mauer steht. Und da begibt es sich besonders in Sturmnächten, daß die Toten beider Gemeinden, die einander im Leben gut kannten, sich gegenseitig besuchen und durch die Nacht zu Hunderten, ja zu Tausenden von einem Kirchhofe zum andern fliegen, gar nicht hoch über der Erde und in gerader Linie. Nicht jeder ist imstande, sie zu sehen, aber die in der Mitternachtstunde eines Sonntags Geborenen, die sehen den grauenhaften Totenflug. Und dem kann nichts widerstehen. Ein Fremder zog nach Ragnit, baute sich dort an mit einem hübschen und festen Haus am südlichen Stadtende, aber die erste Sturmnacht warf es über den Haufen, während einige alte, schon halb verfallene Häuser, die aber seitwärts standen, unversehrt blieben. Der Fremde ließ das Haus wieder aufrichten, und es ereignete sich ganz das nämliche. Da sagte ihm ein Mann, der in der Mitternachtstunde vom Sonnabend auf den Sonntag geboren war, daß sein Haus in der Linie des Weges der fliegenden Toten stehe, und zeigte ihm eine Scheuer in der gleichen Richtung, von der nur eine Dachspitze in diese Linie hineinragte, die stets und stets, sooft sie erneut worden, wieder abgerissen worden sei. Darauf rückte der Fremde sein Haus zur Seite und den fliegenden Toten aus dem Wege, und da steht es heute noch, ohne jemals wieder Schaden genommen zu haben.

## *12. Die weiße Jungfrau der Bayerburg*

Als Herzog Heinrich von Bayern im Jahre 1337 dem Deutschen Orden mit starker Heeresmacht zu Hilfe zog, erbaute er eine Schutz- und Trutzburg dem alten Ordenshause Christmemel am Memelstrome gegenüber, die war gar groß und fest und wurde die Bayerburg genannt. Die sollte die ganze Gegend schirmen gegen das heidnische Litauen, und eine große Stadt mit dem Sitz eines Erzbischofs sollte sich um sie her begründen. Allein dem ward nicht also. Der Ordenshochmeister setzte einen Komtur in die Bayerburg und vierzig Ritter, die sollten sie behaupten und ein gottseliges Leben in der Burg führen. Solches führten sie aber mitnichten, sondern ein Leben voll Lust und Schlemmens, mit Trunk, Spiel und Buhlerei. Einstmals brachten sie eine edle christliche Jungfrau in ihre Gewalt, die sie zu ihren Sünden zu nötigen versuchten, allein die Jungfrau willigte nimmer ein und rief in ihrer Not den Herrn an, ihren Leiden und der Ritter Greuel ein Ende zu machen. Und da tat sich die Erde auf und verschlang die Burg, die Ritter und die Jungfrau. Ihr aber ward ob ihrer Reinheit willen vergönnt, als Schutzgeist der Gegend bisweilen sichtbarlich zu erscheinen. Sie warnt die Leute vor Bösem und erzeigt ihnen Gutes. Wo die Burg gestanden hatte, gähnte ein tiefer Schlund und Abgrund hinab, in diesen stürzte vor langer Zeit ein Kind, und die Eltern jammerten ratlos droben am Rande des Abgrundes, denn niemand traute sich hinabzusteigen. Da entstieg dem Abgrunde die weiße Jungfrau und hielt in ihren Armen das unversehrte Kind, gab es zurück und verschwand. So ist sie vielen hilfreich gewesen. Auch die Schätze der versunkenen Burg, die sie bewacht, würde sie gern verteilen, aber ein schwarzer Teufel wohnt mit ihr zugleich in der Tiefe, der wehrt es ihr. Einst wird die weiße Jungfrau den schwarzen Teufel überwinden und alle ihre Schätze im Lande austeilen.

## *13. Schlacht im Nebel*

In den endlosen Kriegen des Deutschen Ordens gegen das litauische Heidenvolk geschah es im Jahre 1394, daß das Ordensheer bis zur Landeshauptstadt Wilna vorgedrungen war und diese Stadt belagerte. Den Belagerern die Zufuhr abzuschneiden, führte Großfürst Witoudt ein starkes Heer heran und schlug Lager. Die Zufuhr aber zu schützen, entsandte der Meister vier Banner, jedes von hundert Mannen, die stießen bei Redemynne auf die Litauer Fürsten Witoudt und Karjebut von Sewerien mit ihrem großen Heer, doch lag noch ein Fließ oder Bruch zwischen den Ordenskriegern und den Litauern; um diesen zogen erstere, und da gewahrten sie, daß des Feindes Heer also groß war, daß zehn Feinde auf einen Christenreiter kamen. Dennoch wagten sie mutig den Angriff, und da ließ Gott aus dem Bruch einen dichten Nebel aufsteigen, daß die Litauer ihrer Gegner Kleinzahl nicht wahrnahmen, sondern meinten, der Hochmeister mit dem ganzen Ordensheer stehe gegen sie, und da die Kreuzritter so tapfer und heftig angriffen, so hielten die Litauer nicht stand, sondern flohen von allen Seiten nach allen Seiten. Und solange der Kampf währte, in welchem gar viele Heiden erschlagen wurden, vermochte kein Wind den Nebel zu zerteilen.

## *14. Der König im Berge*

Auf einer Höhe bei Lauenburg in Kassuben hatte sich im Jahre 1596 eine ungeheure Kluft aufgetan. Deren Tiefe und wie sie innen beschaffen sei, hätte der Rat gern erfahren; nun waren allda zu Lauenburg zwei Gefangene, das waren zum Tode verurteilte Missetäter, denen bot der Rat Leben und Freiheit, wenn sie es wagen wollten, hinab in die Tiefe zu steigen und Kunde heraufzubringen von dem, was sie drunten gesehen. Diese Missetäter fuhren hinab, tief, unendlich tief, und als sie endlich drunten im Berge ankamen, da erblickten sie einen großen und schönen Garten, und in dem Garten stand ein Baum mit lieblicher weißer Blüte. Und unter dem Baume stand ein Kind, das winkte den Männern und führte sie über einen weiten Plan zu einem Schloß.

Daraus klang vernehmlich mancherlei Saitenspiel und liebliches Getöne, und wie das Kind den Männern die Pforte öffnete, sahen sie drinnen im Saal einen König auf silbernem Stuhle sitzen, der hielt in der einen Hand einen goldenen Szepter und in der andern Hand einen Brief. Diesen Brief gab der König in des Kindes Hand, und das Kind gab ihn den Missetätern. Die brachten ihn herauf, und dann ward ihnen ewiges Schweigen auferlegt, und sie wurden freigelassen, und niemals hat jemand erfahren, was in dem Briefe gestanden hat.

## *15. Danzig*

Vom Ursprunge des Namens der Stadt Danzig gehen vielerlei Sagen, von denen manche sehr haltlos und offenbar später erst gemacht sind. Vom Tanz, den man früher Danz schrieb, kommt vielleicht der Name, vielleicht auch nicht. Ein Dorf des Namens Hochzeit liegt nahe bei Danzig, warum sollte der Tanz von Hochzeit fern sein? Es wird aber erzählt, daß im Dorfe Wiek am Ostseestrande ein vornehmer Däne hauste, der war ein großer Seeräuber, machte seinen Namen furchtbar und barg in Wiek seine Raubschätze; da gaben die Umwohner dem Orte den Namen Danske-Wiek, des Dänen Wiek, und daraus wurde durch der Zeiten und der Sprache Wandlung Danswieg, Danzig. Ob nun dieser Däne des umliegenden Landes Herr geworden oder ein von der Sage genannter Hagel, der auf dem nahen Hagelsberge saß und tyrannisch herrschte, bleibt ungewiß. Zu dem Gebietiger des Landes aber kamen die Einwohner des Ortes Wiek und trugen ihm das Anliegen vor, eine Stadt zu erbauen, er sollte ihnen nur so viel Raum und Boden vergönnen, als sie mit ihren Armen umfangen könnten. Andere nennen als solchen Grundherrn den ersten Herzog von Pommerellen, Sobislaus, der habe, da er vom König Woldemar von Dänemark mit Krieg überzogen worden, noch keinen festen Platz im Lande und daher selbst den Wunsch gehabt, einen solchen zu gründen. Daher habe er sich gegen die Wieker erboten, ihnen den Grund und das Holz zu solchem Aufbau zu schenken, und die Bewohner haben nun gebeten, ihnen so viel Boden einzuräumen, als sie mit ihren

Armen umspannen würden. Und als dieses bewilligt war, da kamen auf den bestimmten Tag alle Bewohner des Ortes zusammen, jedes Geschlechtes und Alters, was nur gehen konnte, und faßten sich an den Händen und umschritten einen mächtigen Platz und kreisten so viel Raum ein, als hernach die Altstadt Danzig bedeckt hat. Das war die erste und auch die größte große Runde, die jemals getanzt worden ist, und von da an mag wohl der Rundtanz aufgekommen sein.

## *16. Marienkirche zu Danzig*

Die Danziger Marienkirche (Ober-Pfarrkirche) enthält viel Wunderbarliches, davon weit und breit erzählt wird. Über Sankt Hedwigs Kapelle, andere sagen vor der Kapelle der elftausend Jungfrauen, ist ein Schnitzbild des gekreuzigten Heilandes von unübertrefflicher Schönheit und grausenhafter Wahrheit. Der Künstler, der dieses Bild fertigte, hatte, wie die Sage geht, sich einen schönen Jüngling gewonnen und ihn an sich gelockt mit mancherlei Verheißung, darunter auch die, ihm seine Tochter, die der Jüngling liebte, zur Frau zu geben, habe ihn aber, um ein wahrheit- und lebendigtreues Vorbild für sein Kunstwerk zu haben, erst betäubt und dann an ein Kreuz geschlagen, sein Sterben beobachtet und dann sein Gebilde vollendet. Da nun aber über den Tod des Geliebten auch der Tochter Herz brach, erfaßte die Reue den Künstler, und er endete sein Leben durch Selbstmord.

Ein Tabernakelschrein umschließt in derselben Kirche ein wundersam liebliches Tonbild der heiligen Jungfrau. Der Künstler, der dasselbe fertigte, tat dies im Gefängnis, wo er auf den Tod saß. Als er sein Bild vollendet hatte, sandte er es dem Rate der Stadt als ein Andenken für die Marienkirche. Wer das Bild sahe, wurde von seiner Schönheit und dem jungfräulichen Liebreiz ergriffen, den es zeigte. Da meinten die Väter der Stadt, und alles Volk meinte das gleiche, dieser Künstler sei ein Mann, den ein frommer und hoher Geist beseele und dem sein Vergehen müsse verziehen werden. Solches ist denn auch geschehen, und der Künstler hat nachher noch lange in Ehren gelebt.

DANZIG

Wie im Münster zu Straßburg, so auch in der Pfarrkirche zu Danzig war ein treffliches Uhrwerk, das hatte ein Meister aus Nürnberg gefertigt, der hieß Hans Düringer. Zwei große Scheiben zeigten Sonnen-, Planeten- und Mondeslauf, des Tierkreises Bilder und die heiligen Feste und Zeiten. Wandelnd traten, in sinnreichen Bildnissen ausgedrückt, die Evangelien von Sonntag zu Sonntag vor die Augen der Frommen. Die zwölf Apostel schritten im Kreise hervor, die Tagesstunden bezeichnend; über ihnen schlugen Adam und Eva auf Glocken, die Stunden und Viertelstunden anzuzeigen, und auch die Jahreszeiten waren künstlich vorgestellt. Herrlich war das Werk im Gange und die Bewunderung aller Welt. Da geschah, was auch in Straßburg sich begab. Der Neid erwachte, der Künstler sollte kein zweites Werk solcher Art vollbringen – er ward geblendet – gab vor, im Uhrwerk noch etwas nachsehen zu müssen, ward hineingeführt, hemmte durch einen einzigen Griff für immer des Werkes Gang und stürzte sich vom Turme herunter.

Der Marienkirche höchster Stolz und höchster Schmuck ist ein Gemälde des Jüngsten Gerichts, vollendet von den Künstlerhänden der berühmten Maler Johann van Eyck und seines Bruders Georg. Dieses herrliche Bild hatte der Papst für Rom bestellt, aber der Himmel bestellte es für Danzig. Ein Seeräuber erbeutete das Schiff, auf dem es nach der Heiligen Stadt befördert werden sollte, aber ein Danziger Schiffahrer, der mit dem Seeräuberschiff in Kampf kam und es eroberte, gewann es für sich und schenkte es seiner Vaterstadt. Andere sagen, jenes holländische Schiff sei gescheitert und das Bild samt seiner Kiste fern im Meere schwimmend von einem Danziger Schiffer aufgefunden worden. Der König von Frankreich habe vergebens eine Tonne Goldes für das Bild geboten.

Auch versteinertes Brot wird in der Marienkirche zu Danzig gezeigt, und geht davon mehr als eine Sage. Einmal habe zur Zeit großer Hungersnot ein Mönch ein Brot in der Kutte getragen, und ein hungernd Weib habe ihn für ihr verschmachtendes Kind um ein Brotsamlein angefleht, er aber habe gesagt, er trage kein Brot, er trage nur einen Stein, und da sei über den Notschrei der Frau das Brot alsbald zu Stein geworden.

Aber es wird auch gesprochen, daß eine reiche Danziger Frau in der Zeit derselben Hungersnot ihr schönes und sehr geliebtes kleines Kind, da es sich verunreinigt hatte, weil Tuch und Schwamm ihr nicht sanft und weich genug für des Kindes zarte Haut gewesen, mit Semmelkrumen abgeputzt habe, da wäre ihr unter der Hand die Krume zu einem rauhen Steine geworden, der des Kindes Haut blutrünstig gerissen, daß es an der nimmer heilenden Wunde gestorben, worüber die Mutter in Wahnsinn verfallen.

Ganz ähnlich wie die von dem Brotstein des Danziger Mönchs lautet auch eine Sage vom Brotstein im Kloster Oliva (berühmt durch den Friedensschluß 1660) nahe bei Danzig, allwo der Brotstein noch hängt und außer der einen noch manche andere Sagen von ihm erzählt werden. Er soll sogar noch wie Brot riechen.

## *17. Der Spring in Heiligenbrunn*

Ein reicher Kaufmann zu Danzig hatte eine schöne Tochter, und diese traf das Unglück, daß sie nach einer schweren Krankheit erblindete, und keine Kunst der Ärzte vermochte ihr das verlorene Augenlicht wiederzugeben. Das hatte schon ein Jahr gedauert, als die Jungfrau mit ihren Eltern sich auf dem Johannesberg erging, und da sie bekümmert und erschöpft war und über ihr Unglück weinte, so wurde ihr aus einer nahen Quelle Wasser gereicht, die schmerzenden Augen zu netzen und die Glut zu kühlen. Aber siehe, wie sie sich mit dem Wasser benetzt hatte, wurden unversehens ihre Augen aufgetan, und sie ward wieder sehend. Da dankten Vater, Mutter und Tochter dem himmlischen Helfer im heißen Gebet und rühmten allüberall der Quelle Wunderheilkraft, und das Land ward ihres Rufes voll; viele Blinde wurden sehend, und die Quelle wurde heilig gehalten und der Ort, der sich um sie her anbaute, Heiligenbrunn genannt. Da kam ein Spötter und Wunderleugner nach Heiligenbrunn, der ritt auf einem alten blinden Gaul und rief: Ist euer Wasser so wunderwirkend, so muß es auch dem Vieh gedeihen. Wenn es meine Mähre sehend macht, will ich's glauben. – Und ritt das blinde Pferd nach der Heilquelle und ließ es aus ihr trinken. Und senkte das Tier seinen ganzen Kopf in den Born, und da es diesen aus dem Wasser zog, sahe der Ritter, daß es sehend geworden, weiter aber sahe er hernach nichts mehr, denn über seine Augen lagerte sich die Nacht der Blindheit. Aber von derselben Stunde an verlor das Wasser seine Heilkraft, wie an andern wunderwirkenden Quellen bei deren frevler Entheiligung auch geschehen.

## *18. Hela*

Von Danzig und der Weichselmündung gerade nordwärts liegt auf der äußersten Spitze der Landzunge, die das Putziger Wiek von der Ostsee scheidet, ein kleines Städtchen, das führt den Namen Hela. Selbiges ist ein trauriger und düsterer Name, denn Hela hieß die Todesgöttin in dem skandinavischen Mythus, ein Begriff der Erstarrung, der Kälte und des Reiches unter der Erde, und es wollen manche, daß von diesem Namen sogar das deutsche Wort Hölle abstamme. Aber da, wo jetzt Hela liegt, und insonderheit einige tausend Schritte hin am äußersten Oststrande, war vorzeiten keine Hölle, sondern eitel irdischer Glanz und Helle, aber das ist freilich schon viele hundert Jahre her, da stand dort eine reiche, große und prächtige Stadt, belebt vom Handel und Wandel, besucht von allen Völkern des Morgen- und Abendlandes, gleich Stavoren und Vineta und Julin; aber wie es in diesen blühenden Städten ging, also ging es auch in Hela, der wachsende Reichtum machte die Menschen gottvergessen. Aber es steht geschrieben: Wer sich auf seinen Reichtum verlässet, der wird untergehen – und Hela ist untergegangen mitten in seinen Sünden. Es soll dieser Untergang durch die brausende Meeresflut in einer Nacht vom ersten zum zweiten Pfingsttage geschehen sein, weil es dahin gediehen war, daß der Handels- und Betriebsgeist keines Sonn- und Feiertags mehr achtete und Werkeltage aus ihnen machte, wohin auch die Neuzeit wieder steuert, die dem armen arbeitenden Volke seinen Sonntag nimmt – und nur an diesem hohen Festtage kann zuzeiten bei ruhiger See das meerverschlungene Hela erblickt werden. Und da sieht man in den reichen Straßen die Bewohner geschäftig wandeln in ihrer Prunktracht und Verkehr treiben und kann die Uhren schlagen hören und die Glocken läuten, aber in die Kirchen sieht man niemand gehen, weil das die Leute verlernt hatten über dem Jagen nach dem Mammon.

Wenn der erste Pfingsttag still war und den Hinabblick nach Hela vergönnte, erhebt mit Sonnenuntergang sich der Nordostwind und wühlt das Meer auf, als solle sich der alte Pfingststurm erneuen und als wolle er gar die ganze Landzunge verschlingen. Da eilen Schiffer und Fischer, Fahrzeuge und Nachen zu bergen und den sichern Strand zu gewinnen, denn furchtbar toben an diesem nordöstlichen Strande der Ostsee empörte Wogen.

## *19. Werwölfe, Vampire und Unterirdische*

Viel weiß des Volkes Glaube und Aberglaube an den Ostseeküsten und dann weit hinab und hinauf in West- und Ostpreußen, in Litauen und bis nach Polen hinein, ja bis Serbien, Bosnien und in die Türkei von dämonischen Wesen zu erzählen, und ließen sich davon allein Bücher füllen.

Der Werwolf oder Wärwolf ist gedacht als ein Mensch, der durch Zaubermittel sich zur Nachtzeit in ein reißendes Tier, insgemein in einen Wolf, verwandelt und Menschen und Vieh anfällt, um ihnen das Blut warm aus dem Herzen zu saugen. Was der Werwolf so im Freien und an Wachenden übt, das tut der Vampir in den Gemächern an den Schlafenden. Der Werwolf wandelt noch unter den Lebenden, der Vampir ist ein Abgeschiedener, der seinem Grabe entsteigt und die Menschen würgt. Das ist beider Gemeinsames und Besonderes, aber die Verwandtschaft ist noch enger begründet. Stirbt der Werwolf und wird begraben, dann wird auch er Vampir und kehrt mordend aus dem Grabe wieder mit nie gestilltem Durst nach dem Blute der Lebendigen. Vampire werden aber auch solche Tote, welche von ihrem Grabeskleid irgendeinen Zipfel oder das Endchen eines Schleiers oder Bandes mit dem Munde erlangen; daran schmatzen sie, und solange sie schmatzen, so lange haben und üben sie des Grabentsteigens und des Blutsaugens dämonische Gewalt. Dabei machen sie den Anfang mit den nächsten Verwandten, dadurch sind schon ganze Familien und Dörfer ausgestorben.

Ein Jäger aus Danzig beging abends sein Revier und sah sich plötzlich von einem ungewöhnlich großen Wolf angefallen, da er aber nicht unvorbereitet war, so schoß er, und seine Kugel zerschlug dem Wolf den rechten Vorderfuß. Mit lautem Geheul ergriff der Wolf hinkend die Flucht. Der Jäger folgte der Spur des Blutes, nachdem er von neuem seine Büchse geladen, denn er wollte sich in Besitz des schönen Wolfspelzes setzen. Die Spur leitete ihn zu einer Hütte im Walde und in diese hinein. Da fand er eine Frau und einen Mann, und die Frau verband des Mannes rechte Hand, die von einer Kugel zerschmettert war. Der Jäger zeigte die Sache an, der Mann ward eingezogen, bekannte, daß er ein Werwolf sei, und wurde lebendig verbrannt.

Im Dorfe Grabau (manche schreiben Crakau) nahe bei Danzig, nach der Küste zu, begann einmal vor noch nicht allzu langer Zeit ein allgemeines Sterben, und besonders wurden Jungfrauen in der Blüte ihres Lebens hingerafft, und jede so schnell

Gestorbene hatte am Herzen ein kleines Wundenmal. Da fielen endlich die Dorfältesten auf den Gedanken, es möge wohl ein Vampir auf ihrem Kirchhof liegen, und ließen viele Gräber und Särge öffnen, und da fand sich auch ein Leichnam, der war nicht verweset gleich den andern, sondern Nägel und Barthaar waren ihm gewachsen, und an seinen Lippen zeigte sich die Spur frischen Blutes. Alsbald wurde das bekannte, bis nach Serbien hinein und dort sehr häufig angewandte Mittel ebenfalls angewandt. Das Haupt des Toten wurde mittelst eines Grabscheites vom Körper abgestoßen und durch das Herz ein Pfahl von Dornholz geschlagen und alles zu Asche verbrannt. Da hörte das Sterben auf.

Vor Herzog Albert in Preußen wurde einstens von den Bauern ein Gefangener gebracht und beschuldigt, derselbe sei ein Werwolf; da befahl der Herzog, ihn genau zu beobachten, ob und wie er sich in einen Wolf verwandle. Und der Gefangene gestand ohne Zwang, er werde alljährlich um das Johannisfest und um Weihnachten ganz wild, es wüchsen ihm unter großen Schmerzen Wolfshaare und er bekomme einen heftigen und unbändigen Trieb, Menschen und Tiere zu zerfleischen, daher mochte er wohl den Bauern einige Enten und Gänse, vielleicht auch Schafe zerrissen haben. Eine Verwandlung des Gefangenen aber in eine Wolfsgestalt erfolgte nicht.

In Livland wissen die Leute zu erzählen, daß, wenn die Christnacht vorüber ist, ein hinkender Junge durch die Orte gehe und die Bösen zusammenrufe wie der Hirte seine Herde, und ein anderer langer Mann haue die Säumigen, die nicht folgen wollen, grausam mit einer Draht- und Stachelgeißel und treibe sie mit Zwang von hinnen. Dann, indem sie diesem Hirten folgen, nehmen sie Wolfsgestalt an und fallen in die Herden, wo sie deren finden, aber Menschen dürfen sie nicht verletzen. Fließende Wasser teilt der Führer des Werwolfheeres mit seiner Rute oder Geißel, daß sie trocknen Fußes hindurchgehn. Solcher Spuk dauert nur, solange die zwölf Nächte währen, vom ersten Christtag bis zum heiligen Dreikönigstage oder großen Neujahr, dann legen jene schrecklichen Ungetüme ihre Werwolfsgestalt ab und werden wieder in Menschen verwandelt.

Der Blutspur nach gehen auch gern nach dem Volksglauben in der Gegend um Danzig die Unnereerdschkens (Unterirdische) und weilen am liebsten da, wo Menschenblut vergossen wurde. Auf einem Dorfe bei Danzig hatte sich ein Knecht im Stalle erschossen, und alsbald schlugen in diesem Stalle die Unterirdischen ihre Wohnung auf, quälten und vertrieben das Gesinde und wichen nicht eher, bis der Stall abbrannte. Die Natur dieser Erdgeister wird von den Bewohnern nicht wie anderwärts als aus Güte und Tücke gemischt geschildert, sondern durchweg boshaft, schadenfroh und menschenfeindlich, ganz der Nachtseite der slawischen Dämonenwelt angehörend. Auch sie bringen Wechselbälge in die Wochenstuben und legen diese an die Stelle schöner Kinder.

Einst ging ein Schäfer, der ein geübter Geigenspieler war, zur Nacht nach Hause, da begegnete ihm ein kleines, ganz gelb gekleidetes Männchen und fragte ihn, ob er mitkommen, aufspielen und Geld verdienen wolle. Dem Schäfer war nichts lieber, und ließ sich willig leiten. In einem hellen Saal traf er Hunderte von Zwergenmännlein und Fräulein an, alle waren gelb gekleidet; sie reihten sich zum Ball, und der Schäfer spielte trotz dem Musikanten auf dem Pervisch zu Aachen, bis er fast nicht mehr konnte. Hierauf wurden ihm die Taschen mit Geld gefüllt und ihm gesagt, er möge nichts davon anrühren, bis er zu Hause sei. Dann ward er hinweggeführt, und es war ihm, als lege er sich daheim nieder, sehr ermüdet. Als er erwachte, lag er auf seinem Kartoffelacker unter einem Baume und die Geige neben ihm, die Sonne aber stand schon hoch am Himmel. Wie ein Traum dünkte alles dem Geiger, doch gedachte er des empfangenen reichen Lohnes und griff in seine Tasche. Die waren voll Schuppen der Tannenzapfen. Verruchter Dreck! murmelte der Schäfer und leerte ärgerlich seine Taschen aus. Als er heimkam und die Jacke auszog, klingelte etwas in der einen Tasche, und wie er hineinfühlte, zog er einige uralte Mariengroschen heraus. Die waren noch hängengeblieben am Futter. Als ob der Kopf ihm brenne, eilte der Mann wieder hinaus zu seiner luftigen Schlafstelle – er fand nichts mehr, wohl aber war ihm, als höre er hoch auf des Baumes Zweigen und unter dem dichten Kartoffelkraut ein schadenfrohes Gekicher.

## 20. *Der blaue Ärmel*

In der Rodauschen Schlacht ging es hart her und brachte der Feind die deutschen Ordensritter schier zum Weichen. Der Fahnenträger fiel und mit ihm das Banner, aber da trat ein tapferer Gesell hinzu, ergriff das Banner und schwang es freudig. Das war ein Schustergeselle, genannt Hans von Sagan, und war der Sohn eines Bürgers im Kneiphof, jenem Teil der alten Stadt Königsberg, den der Hochmeister Winrich von Kniprode erbaut. Da sammelten sich die schon Fliehenden und die Zerstreuten allzumal wieder um das frisch aufgerichtete Banner, stritten mannlich gegen den Feind, gewannen die Schlacht und behaupteten das Feld. Hans von Sagan aber, der Kneiphofer, trug einen blauen Ärmel. Als die Schlacht völlig gewonnen war, gebot der Hochmeister, der wohl fühlte, wieviel der Orden dem tapfern und mutigen Gesellen danke, daß Hans sich eine Gnade vom Orden ausbitten möge. Da bat Hans, den Kneiphöfern alljährlich am Himmelfahrtstage ein Gastmahl zu geben auf des Ordens Kosten. Dieses wurde ihm gewährt, und hat hernach solches Bankett den Namen das Schmeckbier empfangen. Aber der Hochmeister tat noch mehr, er verlieh dem Kneiphof einen blauen Arm ins Wappen, dessen Hand eine Krone hält zum Andenken, daß Hans von Sagan dem Orden gleichsam die Krone und Herrschaft in jener bedrohlichen Schlacht gehalten habe.

## *21. Die zwölf Johannes*

In Königsberg waren ihrer Zwölfe, die hießen allesamt Johannes und hatten die gemeine Rede vernommen, daß einem, der Johannes heiße, der Teufel nichts anhaben könne, der täuschte sie mächtiglich. Denn da sich nun diese zwölf Gesellen zusammengetan, den Teufel zu berufen, ihm ihre Armut zu klagen und sich von ihm reich machen zu lassen, so gingen sie alle zusammen hinaus auf den Glappenberg, der jetzt der Rollberg heißt, zogen einen Kreis, stellten sich hinein und begannen den Teufel zu beschwören. Sie wünschten sich vornehmlich jeder einen Schilling, der stets Geld heckte, und war ihr Glaube, der Teufel bringe dreizehn Schillinge solchen Beschwörern dargetragen; einer davon gehöre ihm, und wer nun durch Los oder Unglück den Teufelsschilling empfange, dessen Seele verfalle beim Tode dem Teufel, die andern Eilfe aber gingen frei aus. Da nun aber, so rechneten die Beschwörer, der Teufel ihrer keinem etwas anha-

DAS KÖNIGLICHE SCHLOSS ZU KÖNIGSBERG,
VOM SCHLOSSTEICH GESEHEN

ben könne, weil sie alle Johannes hießen, so sei keine Gefahr dabei, der Teufel müsse die Schillinge doch bringen und den Unglücksschilling für sich behalten, mit der Erlaubnis, sich selbst zu holen, wenn es ihm beliebe. – Es kam aber ganz anders. Der Teufel war nicht in freigebiger, brutpfennigspendender Laune. Er erschien, und zwar in mancherlei Weise, führte lange Gespräche mit seinen Beschwörern, und diese in allerhand Sprachen, und verwirrte ihre Sinne so ganz und gar, daß vier von ihnen niederstürzten und ihren Geist aufgaben, vier andere wurden ganz irrsinnig, und viere rannten von dannen und gelobten zur Buße ihrer Freveltat eine Wallfahrt nach Sankt Jakob in Compostell.

Das ist geschehen zu Königsberg unter der Regierung des Hochmeisters Hans von Tieffen und wäre wohl nicht geschehen, wenn diesen zwölf Johannessen die alte thüringische Sage kund gewesen wäre von dem Frankenkönige, der ein Glücksschiff hatte, das alle Tage einmal die Welt umfuhr und darauf zwölf Schüler waren, die auch alle Johannes hießen, von denen aber nahm sich alle Jahre der Teufel einen, und den letzten ließ er auf den Petersberg bei Erfurt fallen, der zuvor der Berbersberg hieß. Auch da hatte der Name Johannes, der noch heutiges Tages in der deutschen Christenheit und vornehmlich auf dem Lande so allverbreitet ist, seine Schirmkraft gegen den Bösen nicht bewährt.

## 22. *Schnabelschuhe*

Zur selben Zeit, als die Teufelsbeschwörung durch die zwölf Johannesse in Königsberg sich zutrug, hatte der Modenteufel ein tolles Tragen spitzer Schuhschnäbel auf die Bahn gebracht. Die wurden getragen erst eines Fingers lang, dann einer Spanne lang, und mancher trug sie eine halbe Elle lang und meinte damit so vielen Staat zu machen wie hernachmals die Kriegsleute mit Pluderhosen und in neuer Zeit die Vornehmen mit chinesischen Fingernägeln. Da trug sich's zu, daß eines Hauptmanns Sohn aus Marienburg vom Teufel besessen ward, und wurde dieser Teufel, der den Jüngling besaß, beschworen, auszufahren; da redete der Teufel aus dem Junker heraus: Ausfahren will ich wohl, aber ich muß erst wissen, wo ich darauf hineinfahren soll. Wollt Ihr mir nicht vergönnen, in die Schnabelschuhe zu fahren? Ich vermeine, es sei für zehntausend Teufel Platz in selbigen, und da man dem Teufel so viel in die Schuhe schiebt, kann er sich auch einmal selbst in die Schuhe schieben. – Das wurde dem Teufel vergönnt, und er fuhr in die Schnabelschuhe. Als das nun ruchbar wurde im Lande Preußen, da wollte kein Mensch mehr solche Schuhe tragen, und die Mode kam in Abnahme und hörte zuletzt ganz auf. Wo aber hernachmals dieser Teufel hingefahren ist, als es keine Schnabelschuhe mehr gab, davon ist keine gewisse Kunde aufbehalten, er müßte denn in das Kreuztor zu Königsberg gefahren sein, das am Ende der Burgfreiheit stand, da wo der Roßgarten anfängt; nebenan zur Rechten im Winkel stand ein altes Klostergebäu zum heiligen Kreuz, und das Tor war stets verschlossen. Als aber hernachmals die Mönche vertrieben wurden, fuhr der Teufel in das Tor und machte, daß es immer offen stand, wie sorgsam man es auch verschlossen halten wollte. Endlich ist es im Jahre 1705 ganz abgebrochen worden.

## *23. Die Schatzgräbermönche*

Bei Königsberg liegt ein vereinzelter Berggipfel mit schöner Aussicht, der heißt der Galtgartenberg oder der Rinau, und sind dortherum der Höhen nur wenige, und kann einer weit umschauen von der Höhe des Rinau, unter sich die alte Königsstadt und nordwärts die dörferbesäete Landschaft und darüber hinaus rechts das Kurische Haff und links der Ostee endlosen Spiegel und zwischen beiden zur dämmernden Ferne sich verlierend die grüne Linie der Kurischen Nehrung, südostwärts aber das Frische Haff. Auf diesem Gipfel war vorzeiten auch ein Heidenheiligtum, und soll da droben absonderlich ein Abgott des Namens Ligo verehrt worden sein, ein Gott des Frühlings und der Freude, von welchem uns wenig Kunde überkommen; vielleicht ist er ein und derselbe Gott mit dem, den die Polen Ligicz nannten, ein Ruhestifter und Versöhner. Reine Jungfrauen mußten ihm heilige Flammen nähren. Später sollen die Herren über Samland, Samos Nachkommen, der ein Sohn König Waidewuts war, auf dem Berge gewohnt und ihre Götter droben verehrt haben in einem heiligen Haine, und zwar vornehmlich den Gott der Tafelfreude Curcho oder Gorcho und den Herdengott Warskaito, wie auch den Geflügelgott Ischwambrat, welche Götterdreiheit im uralten Mythus der Preußen den zweiten Rang nach den höchsten Göttern Perkunnos, Pikolius und Potrimpus einnahm. Endlich eroberte der Deutsche Orden auch Samland und zerstörte die heidnischen Heiligtümer, und in noch späterer Zeit drängte die Lehre Luthers auch den Marienorden zur Seite, die Klöster wurden aufgehoben, und die Mönche und Nonnen wurden zu Herden ohne Hirten. Da waren vierzehn Mönche, die hatten nichts mehr zu leben, wohl aber manche Kenntnis von geheimen Dingen, und die wußten wohl, daß auf dem Rinau Schätze vergraben waren in nicht geringer Zahl. Die wanderten hinauf, gar wohl mit allem versehen, was zum Schätzegraben nötig, stießen auf altes Trümmergemäuer und schlugen ein. Da fanden sie ein Gewölbe, darinnen standen große Urnen, aber bei jeder Urne lag ein schwarzer Hund, und jedem Hunde rauchte es aus dem Maule, und das war ein so giftiger Brodem, daß gleich fünf Mönche tot niederstürzten und drei andere, die mit den übrigen flohen, des andern Tages starben. Da sahen die sechs übrigen Mönche, daß sie doch noch nicht alles mit sich getragen zum Schatzgraben, und beredeten sich, es dennoch noch einmal zu versuchen, aber mit besserem Rüstzeug, und gingen nochmals hinauf, nahmen Heiligenbilder mit, mit geweihtem Öle bestrichen, und das Allerheiligste und hielten das an die Grube und lasen eine heilige Messe und sangen Litaneien. Da verschwanden die Hunde, und der Gifthauch ward nicht mehr verspürt, und die Urnen konnten ohne Beschwerde hinweggenommen werden, nur waren sie sehr schwer. Die Mönche hatten eine große Freude, und es war schön anzusehen, wie jeder Mönch eine große schwere Urne vom Berg heruntertrug, daß er schwitzte und keuchte, denn diese Töpfe waren einige Fuß hoch und hatten Bäuche fast wie die der Mönche. Im Beisein des Bischofs und des Hauskomturs schritten sie nun zur sorgfältigen Untersuchung des Inhaltes dieser altheidnischen Aschenkrüge. Da fand sich allerlei Schönes: Lehmen, Sand, kleine Kohlen, Knochenreste, Asche – aber von Metall, geschweige von edlem, nicht ein Splitter. Da zogen die Mönche lange Gesichter, denn sie waren keine Altertumsforscher, sonst hätten sie auch an den leeren Urnen noch eine große Freude gehabt und wären froh gewesen, dieselben ganz und unzerbrochen vom Rinau heruntergebracht zu haben. Und weil niemand da war, an dem sie ihren Verdruß auslassen konnten, so mußte der Teufel herhalten. Er mußte das Gold in den Töpfen in schnöde Asche und Kohlen verwandelt haben und hatte doch im entferntesten nicht daran gedacht, der arme Teufel, dem immer alles in die Schuhe geschoben ward.

## 24. *Jodokus' Eiche*

Nicht allzuweit von Königsberg liegt die Stadt Labiau, dort stand vorzeiten hart am Wasser eine große Eiche, die war dem heiligen Jodokus geweiht, das war ein Schirmvogt der Gewässer. Und die Eiche hatte eine Höhlung, dahinein warfen die Schiffer, die auf der Deine fuhren, im Vorbeifahren einen Opferpfennig, und wer das tat, den sicherte und schirmte der Heilige vor Stürmen, und die Schiffer opferten gern ihren Pfennig, denn es war gar ein wunderbarliches Gefühl ihnen vererbt aus Urväterzeiten her, dieses altheidnische Verehren geheiligter Eichen. Da ließ eines Tages ein Bösewicht sich gelüsten, seine gierige Hand nach dem Schatze auszustrecken, und raubte alles, was er fand, nahe an vierzig Mark. Von Stund an verdorrte die Eiche, aber wie die Eiche verdorrte, verdorrte auch des Räubers Hand. Die Schiffer aber wissen noch immer die Stelle, wo die Eiche stand, und die noch fromm sind unter ihnen, werfen an jener Stelle immer noch ihren Opferpfennig in den Fluß, obschon seit langen Zeiten auch des heiligen Jodokus in jener Gegend kaum noch jemand eingedenk ist. Dieser Wasserheilige ward abgebildet mit dem Stabe in die Erde stoßend, aus welcher eine Quelle entspringt.

## 25. *Der Hungerkerker in Tapiau*

Tief unterm Schlosse zu Tapiau ist ein Gewölbe, das stieß früher an die Sakristei der Krypta der Ordenskirche. Von diesem Gewölbe gehen schaurige Sagen, was alles in ihm die Ordensritter Greuelvolles vollbracht.

Zu Zeiten des Hochmeisters Heinrich von Richtenberg lebte ein frommer und gelehrter Mann, Dietrich von Kuba, der war beider Rechte Doktor und wohlgelitten bei zwei Päpsten, Paulus dem Andern und Sixtus, dessen Nachfolger, und der letztere ernannte ihn zum Bischof von Samland. Das war aber geschehen ganz gegen Wunsch und Willen des Deutschordensmeisters und seines Kapitels, und der Ernannte ward ihnen verhaßt, denn der Orden war verwildert und wollte keinen Römling und Papstgünstling und mehr ritterlich leben denn geistlich. Der Bischof aber gedachte in seinem Sinn unter des Papstes Schutz den verderbten Orden zu bessern und zu reformieren, und wer in der Welt mit Glück reformieren will, der muß eine eiserne Faust, eine eherne Stirne und ein feuriges Herz haben, sonst wird es ihm nimmer gelingen, denn die Welt will nicht reformiert und gebessert sein. Und des Bischofs Dietrich von Kuba Eigenschaften reichten nicht aus, einer zahlreichen ritterlichen stolzen und mutvollen Ritterklerisei allein gegenüberzustehen. Die Ordensgebietiger nahmen ihn gefangen und ließen ihn in das Schloß gen Tapiau führen, wo er in ehrlicher Haft nach Standesgebühr gehalten ward. Aber dort umspann schnöder Verrat den gefangenen Bischof; er wird zu einem Fluchtversuch beredet, entdeckt und nun sein Verderben beschlossen. Der Hochmeister und das Ordenskapitel verdammten den unglücklichen Mann zum Hungertode. In das erwähnte Gewölbe ward er gebracht, dort an die Mauer angeschmiedet und fortan ohne Trank und Speise gelassen. Acht Tage lang schmachtete er hier in unendlicher Qual. Am achten Tage hörte das Volk in der Kirche, da die Sakristeitüre zufällig offengeblieben war, eine heisere Stimme wimmernd rufen: Mein Gott, mein Gott, warum hast du mich verlassen? Mein Gott, mein Gott, erbarme dich meiner!

Diese Stimme ward nachher noch oft gehört, als des Bischofs Leiche längst beigesetzt war, was in Königsberg geschah. Die Untat ward ruchbar, der Papst ergrimmte gegen den Orden, aber der Orden schwur sich rein. Eine Zeit darauf erkrankte der Hochmeister heftig. Schon war er jedoch wieder auf dem Wege der Genesung, als er mit einem Male auffuhr und rief: Meinen Harnisch! Mein Roß! Der Bischof – ich muß fort! Der Bischof ladet mich vor Gottes Gericht! Herr, mein Gott, erbarme dich meiner! – Und sank um und war tot.

## 26. *Der Schloßberg bei Kreuzburg*

Über Kreuzburg hat vorzeiten ein Schloß der Deutschherren gestanden, davon sieht man noch Trümmer, und es ist auf dem Berge nicht geheuer. Eine weiße Jungfrau wandelt auch dort und hofft auf Erlösung, wie die Sage an so viele Schloßberge und Trümmerburgen knüpft. Unter den Trümmern ruhen noch viele verborgene Schätze. Spielenden armen Kindern, welche zufällig in eines der halbverfallenen Kellergewölbe gerieten, erschien die weiße Jungfrau und füllte ihnen die Mützen mit Gold. Jubelnd brachten sie die Gabe nach Hause, und die bedrängten Eltern waren glücklich. Andere neideten diesen ihre Begabung, sie durchkrochen alle Gewölbe, es erschienen ihnen aber nur Kröten und Unken und keine gabenspendende Jungfrau. Eines Abends hatten die Schuhmacher ihren Jahrestag gefeiert und sich tüchtig bezecht. Da meinten zwei Gesellen, es wäre doch schön, wenn sie die Jungfrau im Schloßberg aufsuchten, Mut hätten sie dazu, und torkelten in der Nacht den Berg hinauf. Sie sahen auch die Jungfrau in der Tat sitzen, das Kleid derselben kam ihnen ganz blümerant vor, vor sich hatte sie eine Braupfanne voll Gold und in der Hand eine silberne Kelle. Die Schustergesellen boten ihr einen recht schönen guten Abend und baten um einen Zehrpfennig. Da winkte ihnen die Jungfrau, ihre Schurzfelle aufzuhalten, und da strich sie mit der Kelle das gehäufte Gold von der Braupfanne in die Schurzfelle. Sie hatten ganz schwer an der Last zu tragen. Mit Neugier erwarteten die Meister und Gesellen auf der Herberge ihre kecken Kumpane. Endlich kamen sie und jubelten, obschon ihre Köpfe schwerer und ihre Schurzfelle immer leichter geworden waren. Jetzt schütteten sie den Schatz auf den Tisch – o pfui alle Teufel – was war das für Gold? Gelbe Molche, grüne Frösche, braune Kröten, faules Holz. Und das Ungeziefer kroch umher und hüpfte gar in das Putziger Bier und in das Danziger Goldwasser, daß es ein Ekel war. Da sind die beiden Gesellen furchtbar durchgebleuet worden, denn das Handwerk hielt es für einen Schimpf und Schabernack, den die beiden ihm hätten antun wollen.

## 27. *Die Ritter und die Nonnen*

Zu Kreuzberg stand vorzeiten ein uraltes Rathaus auf dem alten Markt, da ward in jeder Neumondmitternacht ein sonderer Spuk erblickt. Vom Schloßberg herab auf dem sogenannten Kirchenweg kam ein Zug von vier offenen uraltväterischen Wagen, jeder mit vier Pferden bespannt, die ersten beiden mit Schimmeln, die andern beiden mit Rappen. Ruhig gingen die Schimmel, unruhig die Rappen; diese bäumten sich und schnaubten Feuerfunken aus den Nüstern.

In den vordern Wagen saßen, je zu sechs, zwölf Nonnen im weißen Ordenshabit mit Skapulier und Rosenkranz, aber ohne Kopf, in den folgenden Wagen zwölf geharnischte Ritter, jeder hielt seinen Helm im Arm, und im Helm steckte auch gleich sein Kopf. In lautloser Stille umkreiste dieser Zug dreimal den Markt, es schallte kein Hufschlag, es ward kein Räderrollen gehört. Der Kutscher der Nonnen war ein weißes Lamm, jener der Ritter ein schwarzer Ziegenbock. Endlich ging der Zug in das alte Rathaus hinein, und drinnen erschallte wilde Musik und wurden Stimmen der Ritter und Nonnen vernommen, laut und brausend und fein und süß, wie Trinklieder und melodische Hymnen durcheinander, wie dort im verwünschten Kloster bei Niederlahnstein am Rhein. Mit dem ersten Glockenschlage der Mitternachtsstunde kamen die Wagen mit ihren Insassen wieder aus dem Rathaus hervor, zogen wieder dreimal um den Markt und fuhren aber nicht die Kirchenstraße zurück, sondern zur Schloßstraße hinaus, und war nur noch das graulich und verwunderlich anzusehen, daß auf den Leibern der Ritter die Nonnenhäupter und auf denen der Nonnen die behelmten Häupter der Ritter saßen.

Als im Jahre 1818 der Markt samt dem alten Rathaus abbrannte bis auf ein einzelnes altes Gebäu, sind die Ritter und Nonnen, aber jedes mit seinem eigenen Kopf auf richtiger Stelle, erschienen, haben über Schutt und rauchende Trümmer neunmal den Markt umzogen und ihr nächtliches Fest in dem einzelnen alten Hause gehalten, doch minder wild und laut, es hat eher geklungen wie Orgelton und fromme Choräle. Beim Neubau des Marktes mußte auch jenes alte beschädigte Haus abgetragen werden, damit der neue Markt größern Raum gewinne, und in der ersten Neumondnacht, nachdem dies geschehen, ward über seiner Stätte gar eine sanfte und liebliche Musik vernommen und ein wonnevoller Gesang: Gloria sit patri, filio et spiritui sancto! Und damit haben die Ritter und Nonnen Abschied genommen und sind eingegangen zur ewigen Ruhe.

## 28. *Bartensteiner Bartel*

Bei der Stadt Bartenstein fließt die Alle, die ihre sanfte Strömung nach Königsberg lenkt. Dicht über dem Fluß in der Stadtnähe ist ein Hügel, der eine Burgtrümmer trägt und einen kolossalen Granitblock, der einer menschlichen Figur nicht unähnlich sieht. Die Burg auf dem Hügel war der Sitz eines ehemaligen Herrschers in diesem Lande, Barto geheißen; ein Zauberfluch ließ seine Burg in die Tiefe versinken und den Barto versteinert zutage bleiben. Das Volk nennt den Stein den Bartel, und nach ihm soll die Stadt am Fuße des Hügels heißen. Im Berge sollen noch große Schätze verborgen ruhen, und ein Gang, der unter der Alle hinwegführt, soll in der Kirche eines Nachbardorfes ausmünden, man weiß aber nicht, in welche. Im nahen Bartelsdorf möchte das wohl am ersten sein, wenn es eine Kirche hat.

Ein anderer menschengestaltähnlicher Stein ward früher in der Johanniskirche zu Bartenstein aufbewahrt, jetzt steht er im Rektoratgarten. Ein Bürgermädchen – die Sage nennt sogar dessen Namen, Guste Balde – sollte auf Geheiß der Mutter zur Messe gehen, aber der eitlen Dirne waren ihre Kleider nicht schön genug, und sie weigerte sich gegen ihre Mutter des frommen Ganges. Da rief die Mutter voll Zorn: Ei, daß du zu Stein würdest, du putzsüchtige Närrin! – und darüber stand die Tochter ganz versteinert und blieb ein Stein bis auf den heutigen Tag.

## 29. *Miligedo*

Auf dem Schlosse zum Bartenstein saßen die Kreuzherren mit vierhundert Wappnern, und die heidnischen Preußen hielten das Schloß rings umlagert. Ihr Führer hieß Mattingo. Unter der Besatzung des Schlosses war ein starker Riese, der hieß Miligedo, war zuvor ein Heide gewesen, hatte sich aber bekehrt und war als Kämpfer in den Marienorden getreten. Die Heiden fürchteten ihn sehr, denn er war schier unüberwindlich; da sie ihn nun viel lieber unter den Toten als unter den Lebenden sehen wollten, so machten sie einen Anschlag gegen ihn. Ein rüstiger Kämpe mußte Miligedo zum Zweikampfe herausfordern. Miligedo erschien ganz allein und ohne weitere Waffen als eine Keule, aber die war nicht leicht, ihr Knopf war voll Blei gegossen. Jetzt rückte der Kampfgeselle gegen ihn an, gut versteckt aber lauerten noch zwanzig Preußen in einem ganz nahen Hinterhalt. Miligedo begrüßte seinen Gegner mit einem Hauptstreich, er schlug ihm nämlich den Helm gleich in die Hirnschale hinein, daß er tot zusammenstürzte. Da brachen die zwanzig versteckten Feinde hervor und fielen ihn an wie eine Meute Hunde einen Edelhirsch. Miligedo aber wirbelte mit seiner Keule im Kreise herum, und wo die hintraf, wuchs kein Gras. Es dauerte gar nicht lange, so lagen fünfzehn im Sande, und Miligedo hatte noch keine Wunde. Die übrigen entflohen, und Miligedo ging geruhig auf das Schloß Bartenstein zurück.

## *30. Die Allensteiner Zwergmännlein*

Höher hinauf an der Alle liegt das Städtchen Allenstein, dem sie ebenso den Namen verlieh wie dem tiefer abwärtsliegenden Allenburg. In Allenstein hausen Zwergmännlein in großer Zahl. Eines reichen Ratsmannes Frau namens Schellendorf saß eines Abends allein in ihrer Stube; die Mägde waren im Hause beschäftigt, die Frau feierte und hatte kein Licht. Sie hing ihren Gedanken nach. Da öffnete sich die Stubentüre ganz weit, und in die Stube wimmelten die kleinen Männlein, jedes trug einen spitzen Hut und ein Laternchen mit blau brennendem Licht, auch führte jedes ein Zwergenfrauchen oder Jungfräulein im besten Putz. Die Frau Schellendorf erschrak und schlug die Hände vor die Augen, blinzelte aber durch die Finger und sah, daß sich die Pärlein zum Reigen stellten und solchen auch alsbald gar zierlich begannen. Da trat plötzlich ein Männlein aus dem Kreis vor die Frau und rief mit grölzender Stimme: Was blinzelst du? Du sollst nicht blinzeln! Mache deine Augen ganz zu! – Die Frau tat es nicht, sie äugelte ferner durch die Finger. Da sprach das Männlein wieder: Laß dir raten, Frau, und mache deine Augen zu! Sie aber tat es dennoch nicht. Darauf sprach das Zwergmännlein zu einem andern: Verschließe die Fenster! Und gleich trat dieses andere Männlein vor die Frau und blies ihr in die Augen. Vom Augenblicke sah sie keinen Stich mehr und ist blind geblieben all ihre Lebetage.

## *31. Die weißen Tauben*

Als der Deutsche Ritterorden im Jahre 1325 nötig fand, die von ihm bis jetzt behaupteten Landstrecken zu schützen und feste Punkte zu haben, wurden im Lande Galindien das Schloß Wartenburg (auch an der Alle) und im Bartenlande das Schloß Gerdauen gegründet und erbaut, um welche Schlösser sich hernachmals Städtlein anbauten. Da nun der priesterliche Ritterorden diese beiden neuen Schlösser mit feierlichem Hochamt und Messe einweihete, da flog über dem Schlosse Wartenberg eine ganz weiße Haustaube, über Gerdauen aber flogen zwei, und das war das erstemal, daß in dieser Gegend Haustauben erblickt wurden, denn damals war das meiste Land umher nur noch eine öde weite Wildnis, von düstern Föhrenwaldungen unterbrochen, in denen nur die wilde Taube heimisch war.

## *32. Die Barstukken*

In der Stadt Rastenburg und bei derselben gibt es auch Zwergmännlein, die führen dort den seltsamen Namen Barstukken, auch Fingerlinge, und die sind nicht so böse als die andern, die weiter nordwärts hausen. Sie wohnen vornehmlich in einem Hügel bei dem Dorfe Heiligelinde, wo in den Heidenzeiten eine übergroße Linde gestanden haben soll, unter welcher nach dem Volksbrauch die Götter verehrt wurden.

Die Barstukken erscheinen als gute und hülfreiche Hausgeister, welche bei Kranken wachen, wenn die Wächter schlummern, besonders bei Mondschein. Denen sie gütig gesinnt sind, denen schleppen sie zu, was sie von denen nehmen, die sich nicht hold gegen sie beweisen. Man mußte ihnen ein sauberes Tischchen decken und darauf einfache Kost stellen, Brot, Butter, Käse, Bier, Milch, damit waren sie zufrieden und verzehrten es. Blieb alles unberührt, so war das kein gutes Zeichen, dann wollten die Barstukken nichts mehr von dem Hausbesitzer wissen und taten für das Gesinde keine Arbeit mehr. Die Barstukken, auch Berstuken genannt, hatten einen Gott über sich, der hieß Puschkait. Seine und ihre Wohnung war unter Holunderbüschen.

## *33. Heiligelinde*

Als die Götterstätte in der Nähe von Rastenburg zerstört war, blieb doch dem Volke, obschon es zum Christentum bekehrt war, die Stelle lieb und wert, und es wurde auf jenem Hügel eine junge Linde gepflanzt. Nun saß einmal vor vielen hundert Jahren ein Missetäter zu Rastenburg auf den Tod gefangen, dem erschien, weil er reuig war, am Tage vor seiner anberaumten Hinrichtung die heilige Jungfrau, die sprach ihm tröstlich zu und und gab ihm ein Messer und ein Stück Holz und sagte: Schnitze aus dem Holz, wozu du Lust hast, und setze das Bild dann auf eine Linde. Solches tat er und begann zu schnitzen, und am andern Morgen war es die kostbarste Schnitzerei geworden, ein übervortreffliches Marienbild mit dem Jesusknaben auf dem Arm, und nun erzählte der Gefangene von der Wundererscheinung. Darauf wollte ein Rat zu Rastenburg den Gefangenen nicht richten, sondern gab ihn frei, damit er Mariens Befehl vollziehe. Darauf ist der Mann aus Rastenburg gegangen gen Rössel zu, aber er ist vier Tage herumgeirrt, bis er eine Linde fand, und das war auf dem alten Götterhügel, darauf stellte er sein Bild. Es war aber der Ort gar nicht weit von Rastenburg und noch näher bei Rössel gelegen und führt jetzt die Straße von einem Ort zum andern dort vorbei. Als das Bild auf der Linde stand, blieb die Linde Sommer und Winter grünen, und das Bild begann Wunder zu üben, wie jenes wundertätige Holzbild der heiligen Jungfrau mit dem Kinde unter der Linde zu Grimmenthal, die noch heute steht. Ein Blinder ward vorbeigeführt, der sah einen hellen Schein, dem ging er nach, und als seine Hand die Linde berührte, wurden seine Augen aufgetan, und er sah zuerst vor allem das Bild und betete dankend an. Das Vieh, das am Baume vorbeigetragen wurde, beugte die Kniee vor dem Bilde. Da nun die zu Rastenburg von dem Bilde hörten, wollten sie es bei sich verehren und in gute Obhut nehmen, stellten daher eine große Prozession an und zogen über Poswangen und Pötschendorf nach dem Hügel und holten das Bild; allein am andern Morgen war es fort und wieder an der alten Stelle. Da haben die Rastenburger eine noch größere Prozession angestellt und sind wieder hingezogen und haben das Bild geholt, es ging ihnen aber wieder ebenso – das Bild kehrte zu seiner Linde zurück, wo es stehen wollte. Und nun wurde dort eine Kapelle gebaut und entstand eine große Wallfahrt, und ein Ort baute sich an, der wurde Heiligelinde genannt. Alle Bäume in der Gegend zwischen den vier Dörfern Pötschendorf, Beeslack, Kattmedien und Rabowen, deren genauen Mittelpunkt Heiligelinde bildet, neigen ihre Wipfel jener Kapelle zu.

Gleiche Wanderung eines Marienbildes, von welcher die Sagen häufig melden, wird auch von Kulm erzählt, allwo das Bild immer wieder aus der Kirche auf die Stadtmauer wich.

## *34. Sankt Georg schützt Holland*

Als der Hochmeister Albrecht mit den Polen kriegte, waren diese schon bis zum Städtchen Preußisch-Holland vorgedrungen, welches nicht weit von Elbing liegt, und hielten es mit achttausend Mann umlagert; im Städtlein aber war gar wenig streitbare Mannschaft, dennoch geschah den Belagerern ein großer Schade, und sie vermochten nicht, Holland zu gewinnen. Denn wenn sie einen Sturm unternahmen, sahen sie einen bekreuzten Ritter mit einem wunderlichen uralten Helm und einem strahlenden Panzer, darüber eine weiße bekreuzte Tunika den Streitern voran, der immer da vorkämpfte, wo die Belagerten sich schwach zeigten. Das haben hernachmals die Gefangenen selbst ausgesagt, welche bei einem Ausfall gemacht wurden, und als das Polenheer vor Holland über zweitausend Mann verloren hatte, ward die Belagerung aufgehoben. Auch die Kugeln, die der Feind in die Stadt geschossen, hatten keine Wirkung. Eine derselben aus einer Rotschlange traf in eine Wiege, in welcher zwei Kinder schliefen, ohne eines derselben zu verletzen. Ein offenbares Zeichen höheren, göttlichen Schutzes.

Gleiche Hilfe von oben ließ auch der Stadt Elbing der Himmel angedeihen, als im Jahre 1260 die heidnischen Polen die Stadt mit großer Macht belagerten. Männer mit weißen schwarzbekreuzten Mänteln kämpften an der Spitze der Christenstreiter mit feurigen Schwertern, und die Belagerung ward gänzlich abgeschlagen und der Feind in Unordnung und wilde Flucht gebracht.

## *35. Die drei Hostien*

Dem Helfer in Not und Gefahr, dem siegreichen heiligen Ritter Georg, war zu Elbing eine gar schöne und zierdevolle Kirche erbaut und geweiht worden, aber im Jahre 1400 geschah es, daß diese Kirche in Brand geriet und bis zum Grunde niederbrannte, denn sie war nicht von Stein, sondern nur von Holz. Alle ihr Geschmuck, Reichtum und ihre Zier war durch die Flamme vernichtet, doch fand sich unversehens im Schutt eine Kapsel völlig unversehrt, und darin waren drei kleine geweihte Hostien enthalten. Mit großer Feier und Andacht wurde das hochheilige Sakrament erhoben, in einer Kirche verwahrt, und an die Stelle der eingeäscherten Sankt-Georgs-Kirche ließ der Hochmeister durch den Bruder Hellwing Schwang eine neue, steinerne Kirche erbauen, welcher dann die Hostienkapsel feierlich zugeeignet wurde, und gab ihr den Namen Zum Leichnam Jesu. Viele Wunderwerke sind hernachmals in dieser Kirche geschehen.

## 36. *Die Wunder der Marienburg*

Als die Kreuzherren in dem Heiligen Lande waren und in Jerusalem wohnten, da war alldort ihre Burg dasselbe Haus, darin der Heiland mit seinen Jüngern zuletzt geweilt und das Nachtmahl eingesetzt hatte. Da nun die Ritter nach Deutschland heimkehrten, nahmen sie von diesem Hause einen behauenen Stein mit sich übers Meer und weiheten ihn zum Grundstein des Ordenshaupthauses Marienburg. Darum segnete der Herr diesen Bau, daß er so groß und fest und herrlich wurde und in all seiner alten Pracht und Schönheit noch steht bis auf den heutigen Tag, während tausend und abertausend Schlösser in Trümmer sanken.

Zahlreiche Wunder haben sich im Schlosse Marienburg begeben, wie die Sage geht. So steht noch weit in die Ferne sichtbar und leuchtend außerhalb der Schloßkirche das riesighohe Marienbild, welches der Hochmeister Konrad von Jungingen setzen ließ. Ein frommer Meister fertigte dieses zwölf Ellen hohe Bild und setzte daran den Preis seines ganzen Lebens. Als das Bild nun vollendet war und an seine Stelle gebracht werden sollte, da tat es dem Meister weh, sich von dem lieben Bilde zu trennen, und zündete vor ihm geweihete Kerzen an und betete vor ihm und weinte bitterlich. Da war ihm, als sehe die Mutter aller Gnaden ihn strahlend an, und als hebe das Bild gegen ihn winkend die Hand, und ging vor dem Bilde ein zum ewigen Frieden.

Nach der Schlacht bei Tannenberg, welche die Kraft des Ordens brach, war Marienburg der Ritter letzte Stütze und Schirmhut, wurde aber von den Polen hart belagert und umdrängt. Da ärgerte einen Polenfürsten das herrliche im Glanze seiner Goldmosaik strahlende Marienbild, das gleichsam wie das Symbol des ewigen Sieges des Christentums gegen das Heidentum hoch erhoben über dem wilden Toben und Drängen stand, und er wollte es vernichten oder doch verhöhnen und schänden. Schieße nach der Maria! Schieße ihr die Augen aus! gebot der Polenfürst einem seiner Söhne, und der Sohn spannt die Armbrust, legt den schweren Bolzen auf und zielt nach des Bildes Augen. Aber plötzlich senkt er die Armbrust und ruft: Vater! Wo ist denn das Bild? Ich sehe es ja nicht mehr! Mir wird so schwarz vor den Augen! Der junge Polenprinz war plötzlich erblindet. Darüber ergrimmt der Fürst, er nimmt selbst die Armbrust, zielt gut und trifft – beinahe – denn vor dem Bilde wendet sich rückprallend der Pfeil und fährt dem Fürsten pfeilgeschwind mitten durch das Herz.

Einst waren auf Marienburg zwei Liebende. Da aber das Haus des Ordens ein Haus der Entsagung von irdischer Lust sein sollte, so duldete es nicht dergleichen Gefühle, und die Liebenden wurden in Steine verwandelt, wie Mönch und Nonne in der Wartburg Nähe in riesige Felsen. Lange hat man auf Marienburg diese Steine gezeigt und wahrgenommen, daß sie aus Schmerz noch salzige Tränen weinten.

## *37. Der Remterpfeiler*

Ein großes Wunderzeichen begab sich zur Marienburg, als dieselbe von den Polen belagert wurde. Die Polen hatten einen Troßbuben gefangen und fragen ihn aus nach des Baues Gelegenheit, wo seine größte Schwäche und wo das Geschütz den meisten Schaden bringen könne; sie versprachen ihm nicht nur die Freiheit, sondern auch hohen Lohn, und der Bube, der zumal einen Haß gegen den Hochmeister hatte, beschrieb dem Feind, wie das ganze weite und kühne Bogengewölbe des Remters auf einem einzigen gewaltigen Pfeiler mitten im Remter laste. Bräche eine Kugel den Pfeiler, so müsse das ganze Gewölbe zusammenstürzen. Das dünkte den Polen eine gute Kunde und eine leichte Sache, den ganzen Rest des Ordens mit einem Schlage zu vernichten. Es ward daher mit dem verräterischen Knecht ein Zeichen verabredet, das er geben sollte, wann der Ordenskonvent im Remter beim Mahle sitze, und das größte und stärkste Geschütz wurde nach dem Pfeiler gerichtet, der Bube aber freigelassen. Bald darauf, als dieser die Zeit ersah, daß alle Ritter im Remter versammelt waren, hing er einen roten Hut an einem Fenster aus, wie verabredet war, und der Arkebusier im Polenlager brannte sein großes Stück los, und im Remter geschah ein Donnergeprassel, aber der Pfeiler stand ruhig – die Kugel hatte ihn gar nicht getroffen, sie war oben durch die Mauer gefahren und hatte über dem Kamin ein Loch geschlagen, allwo sie noch heute eingemauert zu sehen ist.

## *38. Der Buttermilchturm*

Zu Lichtenau ohnweit Marienburg saßen böse Bauern, die waren voll Übermut, Tücke und Frevel, weil sie reich waren; denn es steht geschrieben: Der Reichtum verleitet zu Sünden und hindert den Weg zur Seligkeit. Viele Stücklein ihrer argen Tücke und Bosheit werden noch in der Gegend erzählt, eines der schlimmsten führten sie aus gegen ihren Pfarrer, dem sie taten wie die bösen Rungholder auf Nordstrand und ihn zwingen wollten, eine Sau zu kommunizieren, weil der Pfarrer, des Name Wolfgang Lindau war, ihnen den Spiegel herber Wahrheit vorhielt und ihr schlechtes Leben ohne Rückhalt von der Kanzel rügte und strafte. Da nun der Pfarrer sich mit List der Schmach entzog und – während die Lichtenauer im Kruge blieben und fortzechten – eilend zum Neuenteich ritt, wo der Pfleger von Marienburg wohnte, trieben die Bauern es toller und toller und administrierten selbst eine Hostie der Sau, die sie aus einer Rübe schnitten, wie jene Studenten zu Halle, die Gottes Gericht furchtbar traf. Dazu kam gerade der Pfleger mit einiger Mannschaft und schlug auf sie los, aber dic Bauern, nicht faul und dazu über und über voll, drehten den Spieß um und die Stuhlbeine aus und schlugen des Pflegers Mannen schmählich in die Flucht, ihn selbst aber fingen sie, zausten ihn am dicken Bart, zogen diesen durch ein Astloch in der Türe und verspündeten ihn mit einem Keil und ergossen über ihn allen Hohn und alle Schlechtigkeit, die nur jemalen böse versoffene Bauern ausüben können. Unterdessen aber rückte von Marienburg her, wohin der Pfleger eilend gesandt und wohin auch seine Leute flüchtig eilten, eine größere Ordensmacht, die befreite den Pfleger und trieb die Bauern zu Paaren. Alle Täter und Teilnehmer an dem ganzen unerhörten Frevel wurden gefangen nach Marienburg geführt und dort in die tiefsten Kerker geworfen. Darauf wurde der Bauern Strafe ernstlich beschlossen; sie mußten die Landstraße vom Kruge zu Lichtenau bis in das Schloß Marienburg durchaus mit Mariengroschen belegen, einen an den andern; dadurch wurde ihnen ein Merkliches von der Übermutquelle abgezapft, dann mußten sie einen Turm an der Nogat bauen, und den Mörtel dazu durften sie nicht mit Wasser bereiten, sondern mit Buttermilch, welche einen festern Kitt gibt, wie allbekannt ist. Diese Buttermilch hatte Lichtenau einzig und allein zu liefern. Der Turm bekam davon den Namen Buttermilchturm und steht heute noch. Und als der Turm fertig war und recht gut und fest gebaut, da mußten die Lichtenauer Bäuerlein, die Saukommunizierer, in ihn einkriechen und blieben darinnen stecken ein Jahr und sechs Wochen und bekamen nichts als Wasser und Brot, und da sind ihnen die bösen Possen und Frevel vom Grund aus wegkuriert worden.

Manche erzählen anders, wie der Buttermilchturm entstanden sei. Der Woiwode Stanislaus Kostka habe zu den Bauern eines Dorfes geschickt und um etwas Buttermilch bitten lassen; da haben die Bauern den Boten ausgehöhnt, andern Tages aber ein ganzes Faß voll Buttermilch dem Woiwoden zuführen lassen. Der Woiwode verstand aber keinen Spaß, er ließ die Überbringer greifen, in einen Turm werfen und stellte ihnen im selbigen ihr Buttermilchfaß zu selbsteigner Verfügung; sie mußten die Milch und, als diese Matte und Quark geworden, auch diese verzehren bis zum letzten Quentlein, dann wurden sie wieder herausgelassen. Kein Wunder, daß sie, da sie herauskamen, käsweiß aussahen.

## *39. Die heilige Dorothea*

Es war im Preußenlande eine fromme Wundertäterin Dorothea; die Gabe der Weissagung war ihr verliehen, und sie hat auch den Fall des Deutschen Ordens vorausgesagt. Als sie unzählige Wunder getan und viele Wallfahrten verrichtet hatte, verschloß sie sich in eine Bußzelle am Dom zu Marienwerder, und als sie ihr Ende herannahen fühlte, ließ sie den Domherrn Johannes von Marienwerder rufen, daß er ihre letzte Beichte höre. Als die Mitternachtstunde kam, umwogte eine himmlische Helle das enge Gemach der frommen Büßerin, und Engelstimmen erklangen in harmonischen Chören zwei Stunden lang um ihre Zelle. Währenddessen ward Dorotheas Seele zu Gott enttragen, und es fingen des Domes Glocken von selbst zu läuten an, und das dauerte so lange, bis jener himmlische Gesang zu Ende ging. Im kleinen Chor der Domkirche zu Marienwerder wurde Dorothea beigesetzt, und noch an ihrem Grabe geschahen große Wunder, und Scharen frommer Pilger wallten zu demselben. Das Volk sprach sie heilig, wenn auch nicht der Papst zu Rom. Denn die römische Kirche hatte schon eine Heilige dieses Namens, die unter Diokletian ihr Martyrium empfing.

Eine zweite Heilige des gleichen Namens wurde unter Kaiser Nero enthauptet samt ihrer Schwester Euphemia, und eine dritte litt dieselbe Strafe ihrer Glaubenstreue zu Cäsarea in Kappadozien.

## *40. Die Geister auf der Christburg*

Da, wo heute die Stadt Christburg liegt, war eine Heidenfeste, welche der Marienorden lange belagert hielt. Endlich in einer heiligen Christnacht ward die Feste von dem Orden erobert und von da an besessen und empfing von dem Tage an den Namen Christburg. Das Schloß wurde neu erbaut und mehr und mehr befestigt und war lange Jahr ein starkes und unüberwindliches Bollwerk gegen den tapferen Polenkönig Jagiello, da war ein Komtur auf Christburg, der hieß Otto von Sangerwitz, der sah dieses Krieges unglückseliges Ende voraus und widerriet ihn. Allein er wurde überstimmt und mußte mit ausziehen. Da nun der Auszug begann, so fragte ein Chorherr den Komtur: Wem willst du nun dieses Schloß anvertrauen? – und darauf antwortete Otto von Sangerwitz ganz heftig: Dir und allen bösen Geistern, die zu diesem Kriege geraten haben! – Über diese harte Antwort erschrak der Chorherr heftig, fiel in ein hitziges Fieber, und andern Tages war er tot. Von Stund an mußte sein Geist im Schlosse zu Christburg spuken. Als nun die unglückliche Schlacht am Tannenberge geschlagen war, in welcher unter so vielen anderen tapfern Streitern auch der Komtur von Christburg fiel, kehrten die Geister aller Kreuzherrn, die zu diesem verderblichen Kriege geraten hatten, der den Orden fast ganz aufrieb, auf das Schloß Christburg zurück und spukten dort greulich. Kein Mensch hatte Ruhe vor ihnen, es ging alles darunter und darüber. Die Pferde standen unversehens in der Küche, wenn der Koch an sein Geschäft gehen wollte, und wenn die Knechte auf den Boden gingen, Futter für die Pferde zu holen, lagen die Weinfässer droben; der Kellermeister, wenn er in den Keller kam, fand einen Brunnentrog und Wasserkübel. Ein neuer Komtur des Namens von Frauenburg konnte es nicht auf dem verwünschten Schlosse aushalten; die Geister hingen ihn im

Brunnen auf, setzten ihn auf den First des höchsten Daches, zündeten ihm seinen Bart an, daß er brannte wie ein Strohwisch – bis er von dannen zog, und blieb kein Ritter mehr dort, ward also das Schloß verlassen und verfiel. Da kam einstmals nach ein paar Jahren ein Schmied aus Christburg von einer Wallfahrt heim und hörte von dem Spuk, wie es zugehe da droben auf dem Schlosse, daß die Ordensritter, wenn sie essen wollten, die Schüsseln voll Blut gefunden hätten, und wenn sie hätten beten wollen, hätten sie Kartenspiele in den Händen gehabt statt der Breviere, und da dachte der Schmied, er wolle doch auch einmal sich hinaufmachen auf das wüste Schloß, ging aber weislich nicht abends, sondern am hellen Mittag hinauf. Und wie er auf die Brücke kam, da traf er gleich einen Bekannten, der sein Gevatter war und hatte ihm ein Kind aus der Taufe gehoben und war der Bruder des Komturs Otto von Sangerwitz. Den schrie der Schmied fröhlich an und freute sich, ihn wiederzusehen – sei ihm doch, als habe er gehört, der Herr Gevatter sei auch in der Tannenberger Schlacht geblieben. Und wie es komme, daß die Leute drunten in der Stadt sich so wunderliche Dinge von dem Schloß erzählten? Der Ritter sprach: Folge mir, ich will dir zeigen, wie das alles kommt. Und führte ihn über Wendelstiegen und durch Säle und Hallen und zeigte ihm des Unfuges und des Greuels so viel, daß dem Schmied die Haare sich zu Berge hoben. Dann gingen sie wieder aus dem Schlosse, und hinter ihnen schallte ein Heulen und Wehklagen wie das Heulen der Verdammten, und konnte nicht entsetzlicher und schrecklicher sein in der untersten Hölle. Und da sprach der Ritter zu dem Schmied: Gehe hin und sage dem neuen Hochmeister an, was du hier gehört und gesehen, denn so war unser Leben, und so ist nun unser ewiger Jammer; und sage ihm, er solle den Orden bessern. Und als diese Worte gesprochen waren, verschwand die Gestalt des Komturs vor des Schmiedes sichtlichen Augen, und es grauste ihn, denn nun erst nahm er wahr, daß er mit einem Geiste es zu tun gehabt, und allerdings war auch dieser Bruder in der Tannenberger Schlacht geblieben.

Seinen Auftrag zu vollziehen, ging der Schmied zum neuen Hochmeister und sagte ihm treulich alles an, dieser aber ergrimmte über solchen Bericht, als wolle der Schmied seinen hochwürdigen Orden schänden, ließ ihn greifen und verurteilte ihn zum Tode des Ersäufens.

## *41. Der Irrgarten*

Als die Lust und Neigung, gen Jerusalem zu ziehen und die Heilige Stadt gegen den Feind zu schirmen und zu verteidigen oder wieder einzunehmen, wenn sie in Feindes Händen sei, was des Deutschen Ordens erster Zweck und erste Aufgabe war, bei dem Orden in Abnahme kamen, ward ein Ausweg ersonnen, das Gelübde scheinbar zu erfüllen. Es wurden in der Nähe der befestigten Schlösser Irrgänge mit Gräben und Verschanzungen angelegt, diese stellten die Heilige Stadt vor und wurden Jerusalem genannt, dann wurden Kriegsübungen vorgenommen mit Angriff und Verteidigung. Eine Zeitlang mochte es damit den Rittern ernst sein, bald aber wurde ein Schimpfspiel daraus, eine Kurzweil, die den schwelgerischen Gelagen folgte. Auch bei Riesenburg war ein solcher Irrgarten und in ihm ein großes Kreuz gegraben, da ist es nun geschehen, daß die Ritter, welche den Ernst der Eroberung Jerusalems zum Schimpfspiel verdreht hatten, durch die Irrgänge spuken mußten zu ihrer großen Qual, aber in das Kreuz kamen und durften die Geister nicht hinein. Hatten sie früher ihre Knechte durch den Irrgang gejagt und getrieben, so trieben nun die Knechte die Ritter und wurden hinwiederum von Teufeln getrieben, ein toller Spuk, der durch die Nächte bis zum ersten Hahnschrei währte.

## *42. Die umreitenden Feldmesser*

Es ist eine allgemeine Sage, daß ungetreue Feldmesser nach ihrem Tode auf den Feldern, die sie falsch und treulos vermessen haben, rast- und ruhelos umgehen müssen, bis irgendein Zufall sie erlöst, manche aber haben auch keine Erlösung zu hoffen bis zum Jüngsten Tage. Nahe bei Graudenz am Weichselufer aber werden Feldmesser, welche parteiisch die Ländereien einer Gemeindefeldflur vermessen, allnächtlich als spukhafte Reiter erblickt, welche auf schwarzen, feuerschnaubenden Rossen mit glühenden Mähnen über das Gefilde jagen, glühende Meßketten und Stäbe in den Händen. Viele der Umwohner dieser Gegend wollen sie also erblickt haben.

## 43. *Kulmer Pfarrkirche*

Als die schöne und ehrwürdige Pfarrkirche zu Kulm erbaut wurde, gedachte der Baumeister sie nach dem Stil seiner Zeit mit zwei hohen Türmen nebeneinander von gleicher Höhe zu versehen, war aber verpflichtet worden und hatte das versichern müssen, zu einer bestimmten Zeit den Bau ganz vollendet zu haben. Allein beim Bauen geht es, wie jedermänniglich weiß, nie so geschwind, als die heute meinen, die nichts davon verstehen, und kann niemals alles pünktlich an einem bestimmten Tage fertig sein. Also erging es auch beim Kirchenbau zu Kulm, und als der Endtermin herannahte, war wohl die Kirche und der eine Turm fertig, der zweite aber kaum bis zur Hälfte. Der Meister wollte sein Wort halten und es zwingen, nahm der Arbeiter mehr und ließ arbeiten Werktag und Sonntag und Feiertag ohne Aufhören. Und wirklich wurde noch zu rechter Zeit der Turm fertig, und das Weihefest sollte begangen werden. Aber da umdüsterte sich der Himmel, ein Wetter zog heran mit grauenvollem Gewölk, und aus dem Gewölk heraus zuckte der Engel des Herrn mit flammendem Schwert und traf des letzten Turmes Krone, und der Turm brannte aus und nieder bis auf den Grund. Das übrige Gebäu blieb aber alles unversehrt. Hernach ist abermals der Turm wieder erbaut worden, allein kaum war er vollendet, so traf ihn der Feuerstrahl des Himmels aufs neue, und so blieb der Turm hierauf für alle folgenden Zeiten unvollendet.

## 44. *Die Frauen zu Kulm*

Im Pommerlande und über Kassuben herrschte ein Herzog des Namens Swentipol, der war zum Christentum bekehrt, aber in seinem Herzen war er ein Heide geblieben, daher unterhielt er auch heimliche Freundschaft mit den heidnischen Preußen, und zuletzt zeigte er sich durch offenen Abfall als wahren Widersacher des Christentums und des Deutschen Ordens. Als solcher befestigte er seine Burgen an der Weichsel und führte offnen Krieg gegen den Orden, verschmähte aber auch die List nicht, wenn es nur galt, das Leben vieler Christen in seine Gewalt zu bekommen und hinzuschlachten. So rückte er auch mit großer Kriegsmacht vor Kulm und hätte die Stadt gar gern in seine Gewalt gebracht, konnte aber gegen dieselbe mit Stürmen nichts ausrichten, machte einen scheinbaren Rückzug und legte sich mit seinem Volk in einen Hinterhalt, einen morastigen Bruch, welcher Ronsen hieß, und rechnete, daß die Belagerten bald herauskommen würden, um von den Dörfern neue Mundvorräte beizutreiben. Das geschah auch wie erwartet. Swentipol brach mit seinem Volk aus dem Hinterhalte hervor und erschlug alle Ritter und Knechte, meinte dann, es sei ein leichtes, jetzt die Stadt einzunehmen. Aber in die Stadt war durch einen Flüchtling schon die Kunde von des Feindes Überfall und Heranzug gekommen, da scharten sich die Frauen und Jungfrauen zusammen, warfen sich in Männertracht und Rüstung und besetzten die Mauern, entschlossen, die Stadt auf Tod und Leben zu verteidigen, denn was sie von den Heiden zu befahren hatten, konnten sie wohl denken. Wie nun Swentipol diese stattliche und wohlgerüstete Heerschar auf den Mauern von weitem sah, dachte er, daß er Kulm schwerlich sonder großen Verlust an den Seinen gewinnen werde, und nahm den Abzug. Das hat den Frauen und Jungfrauen von Kulm viel Ruhm und Ehre gebracht, daß sie so mutig und tapfer den Feind abwehren wollen, und ist der Nachwelt unvergessen.

## *45. Swentipols Scherz*

Zur selben Zeit, als Herzog Swentipol gegen den Deutschen Orden aufgestanden war, lagerte er in Pomesanien an einem lustigen Ort an der Weichsel, etwa zwischen Kulm und Thorn, und war guter Dinge. Nun war ein Mann am Hofe Swentipols, der fürchtete sich vor den Deutschrittern schier mehr als vor dem Teufel, und Swentipol hatte mit ihm stets seinen Spott ob jenes Zagheit. So dachte der Herzog auch einen guten Scherz sich aus, ein vertrauter Diener sollte über Tafel hastig kommen und schreien: Die Ritter! die Ritter sind da!, und da wollte Swentipol sich recht an des Hofmannes furchtsamem Wesen ergötzen; sagte das auch seinen Heerführern an, daß sie sich, wenn der Diener schreie, ganz ruhig verhalten sollten. Da nun alles beim Mahle saß und der Diener seines Herrn Befehl zu rechter Zeit vollziehen wollte, draußen stand und ohngefähr in das Feld blickte, sah er wirklich die Ordensritter gegen das Lager heranreiten, eilte daher voll Schreck und Angst in den Tafelsaal und schrie: Die Kreuzherrn kommen! Wiß und wahrhaftig! Sie kommen! Rettet euch! Kaum hörte der furchtsame Hofmann dies Geschrei, als er vom besten Bissen aufstieg und eiligst das Weite suchte, auch gelang ihm seine Flucht trefflich, er erreichte einen nahen Busch und rettete sein Leben. Swentipol und seine Hauptleute aber lachten allzumal über den Feigling, der Diener schrie aber immerfort: Auf! Auf! Die Ritter kommen! Da rief Swentipol ihm zu: Halte nun endlich dein Maul, dummer Narr! Siehst du nicht, daß es genug ist? Sie kommen aber doch, die Ritter! Sie kommen! schrie der Diener in einem fort, und schrie gar nicht lange mehr, da waren die Ritter wirklich da und schlugen auf ihre Feinde, die sich eines Überfalles nicht versahen, grimmig los, und alle bis auf Swentipol wurden erschlagen, er selbst aber und nur einer der Seinen retteten sich mit Not und Gefahr durch Schwimmen, indem sie die Weichsel erreichten und sich in den Strom warfen.

## *46. Thorn aus einer Eiche*

Da, wo jetzt Thorn steht, stand in den alten Heidenzeiten die vierte der berühmtesten heiligen Eichen im Lande Preußen, darunter ehrten Priester und Volk die drei ersten Gottheiten des Landes, Perkunos, Pikollos und Potrimpos, und die drei nachfolgenden Götter und auch alle andern geringeren. Die Eiche war von übermächtigem Umfange und auch hoch wie eine Warte.

Da kam der erste Landmeister, Hermann von Balke, in das Preußenland, der vertrieb die Heiden und eroberte ihre heilige Stätte und benutzte deren Befestigung. Er war viel klüger als alle die Eiferer, welche die heiligen Eichen umhieben, er ließ die eroberte stehen und machte sie zu einem festen Turme, baute Brustwehren auf sie und wehrte von ihr den Feind trefflich ab.

Da nannte man die Eiche Thorn, das ist Turm, und hernachmals baute sich alldort ein Ort an, der ward auch Thorn genannt, bald aber wieder verlassen und eine Meile weiter wieder angebaut wegen allzu häufiger Überschwemmung, und das wurde das heutige Thorn. An jener alten Götterstätte aber finden sich noch Trümmer, und sie ist ein gemiedener Ort, denn es soll dort nicht geheuer sein von Gespenstern und Geistern. Und lautet diese Sage ungleich glaubhafter und deutscher als jene andere, die Thorn von einem Römer Thorandus gründen läßt oder vorgibt, die Eiche sei ein dem Gotte Thor der skandinavischen Mythe geheiligter Baum gewesen, weil Thor und Perkunos, jeder als Donnergott gedacht, gleichsam ein und derselbe ist. Perkunos war aber im altheidnischen Mythus der Preußen die oberste Gottheit und Thor im skandinavischen nicht die oberste, welches wohl zu unterscheiden.

## *47. Ein Dieb rettet Thorn*

Im Dreißigjährigen Kriege, der seine verderblichen Heereswogen auch über das alte Preußenland wälzte, rückte der schwedische Obrist Helmold Wrangel, insgemein der tolle Helm genannt, in Eile vor Thorn und wollte nach seiner tollen Art die Stadt überrumpeln und einnehmen. Solches wäre ihm auch fast geglückt, aber er hatte keinen guten Tag und keine günstige Stunde gewählt, denn zufällig traf es sich, daß die Thorner einen Dieb hängen wollten, und wie der Dieb auf der Leiter stand und ihm schon die Schlinge um den Hals gelegt werden sollte, schaute er in das weite Feld hinaus und sahe die feindlichen Heerhaufen daherziehen, schrie deshalb überlaut: Der Feind, der Feind! Da liefen die Leute nach der Stadt, und das Amt lief, und die Schergen liefen, und der Henker ließ den Dieb von der Leiter fallen und lief, und der Dieb lief auch, und drinnen in Thorn stürmten sie mit den Glocken und griffen zu den Waffen, den Feind abzuwehren, und wie der tolle Helm ans Tor kam, da war es zu, und von der Mauer herab knallte böser Gruß entgegen, da mußte der Obrist Helmold von Wrangel wieder umkehren und der Stadt Thorn den Rücken zeigen. Dem armen Dieb, der seines

Leibes vor dem Tore keinen Rat gewußt und auch wieder mit in die Stadt hineingelaufen war, wurde gern das Leben geschenkt.

## *48. Die Fingerlingsbraut*

An einigen Orten im alten Preußenlande nennen die Leute die Barstucken auch Fingerlinge wegen ihrer kleinen Gestalt. Da saß zu einer Zeit beim Städtlein Leuenburg ein mannlich Geschlecht, die Freiherren von Eulenburg auf Prassen. Und da war auf Prassen gerade ein junges Edelfräulein, das war gar wunderhold und lieblich und von kleinem Wuchs, das sahe der König der Fingerlinge und begehrte es zu freien. Ließ deshalb sittiglich Werbung tun bei den Eltern durch eine Gesandtschaft seiner Zwergmännlein und ließ denen ansagen, wenn sie ihm ihre Tochter gewährten, so solle das Geschlecht derer von Eulenburg gesegnet fortblühen auf alle Zeiten und solle sotanes Glück haften an einem goldenen Fingerreif, der aber wohl und sorgsam bewahrt werden müsse und nimmer verloren gehen dürfe. Das Fräulein aber werde glücklich sein. Die Eltern überlegten sich den Antrag und fanden für wohlgetan, in ihn zu willigen, denn wer sähe nicht gern die Zukunft seines Geschlechts für alle Zeiten gesichert? Darauf bat die kleine Gesandtschaft, es möge ein Zimmer im Schlosse Prassen bestimmt werden, in welches die junge Braut hineinzuführen sei, jedem Lauscherauge und -ohr aber müsse das verschlossen bleiben. In diesem Zimmer nun werde der Barstuckenkönig das Fräulein empfangen. Dieses geschahe, das Fräulein wurde hineigeführt, und niemals hat ein sterbliches Auge es wiedergesehen, und niemand hat erfahren, wohin es gekommen. Man will nachher noch öfter in diesem Zimmer vom Treiben der Fingerlinge etwas wahrgenommen haben, als aber die Neugierde wuchs und die Lauscher es darauf anlegten, etwas zu erlauern und zu erlugen, haben die Fingerlinge das Schloß verlassen, das verheißende Glück ist aber bei dem Geschlecht dauernd geblieben, aus den Freiherren sind Grafen geworden.

Einem spätern Besitzer des Schlosses Prassen rief wispernd, als er beim Mahle saß, eine feine Stimme zu, er solle nach dem bewußten Zimmer gehen und hineinrufen: Rotöhrchen! Gelböhrchen ist tot. Als er dies tat, so antwortete eine Stimme: So? Ist Gelböhrchen tot? O große Not! O große Not! – und seitdem habe sich kein Fingerling mehr auf Prassen spüren lassen. Diese beiden Namen aber erinnern an den neckischen Wasserkobold im Flüßchen Spreu im Frankenlande, Schlitzöhrchen geheißen.

# *II. Sagen aus Pommern*

## *1. Sankt Nikolaus in Greifswald*

Zu Greifswalde hat in einer der Kirchen daselbst ein hölzern Bildnis des heiligen Nikolaus gestanden. In diese Kirche brach nächtlicherweile ein Dieb ein, wollte den Gotteskasten erbrechen und das darin befindliche Geld enttragen. Da erhob Sankt Nikolaus' Bild drohend den Arm gegen den Dieb. Der aber war unerschrocken und sprach: Lieber Herr Sankt Nikolaus, ist das Geld im Kasten dein oder ist es mein? Weißt du was? Wir wollen darum laufen, wer zuerst an den Kasten kommt, dem soll das Geld sein. Und lief also stracklich durch das lange Schiff der Kirche dem Chore zu, aber siehe da, das Bild lief auch und stand am Kasten, als der Dieb hinzukam. Ei, Sankt Nikolaus! rief der Dieb, du könntest fürwahr beim Herzog oder Markgrafen Laufer werden, du hast gewonnen, aber was in aller Welt nützt dir das Geld? Wäre ich, wie du, von Holz und hätte nimmer Durst noch Hunger, wollt ich keines Geldes begehren! Darum habe ein Einsehen und ein Nachsehen und gönne mir das Geldlein. – Damit brach er den Gotteskasten auf, nahm kecklich das Geld und trug es von dannen.

Aber bald darauf starb dieser Dieb und wurde ehrlich begraben, denn niemand wußte, daß er ein Kirchenräuber war. Da sind die Teufel aus der Hölle heraufgestiegen, haben seinen Leib aus dem Grabe geholt und ihn bei den beraubten Gotteskasten niedergeworfen, darauf aber ihn draußen vor der Stadt an die Flügel einer Windmühle gehenkt. Von diesem Augenblicke an drehten die Flügel dieser Windmühle sich links und liefen links herum, solange sie stand, zum Wahrzeichen des Unrechts und des Unrechten.

GREIFSWALD

## 2. *Vineta*

Bei der Insel Usedom ist eine Stelle im Meere, eine halbe Meile von der Stadt gleichen Namens, da ist eine große, reiche und schöne Stadt versunken, die hieß Vineta. Sie war ihrer Zeit eine der größesten Städte Europas, der Mittelpunkt des Welthandels zwischen den germanischen Völkern des Südens und Westens und den slavischen Völkern des Ostens. Überaus großer Reichtum herrschte allda. Die Stadttore waren von Erz und reich an kunstvoller Bildnerei, alles gemeine Geschirr war von Silber, alles Tischgeräte von Gold. Endlich aber zerstörte bürgerliche Uneinigkeit und der Einwohner ungezügeltes Leben die Blüte der Stadt Vineta, welche an Pracht und Glanz und der Lage nach das Venedig des Norden war. Das Meer erhob sich, und die Stadt versank. Bei Meeresstille sehen die Schiffer tief unten im Grunde noch die Gassen, die Häuser eines Teiles der Stadt in schönster Ordnung, und der Rest Vinetas, der hier sich zeigt, ist immer noch so groß als die Stadt Lübeck. Die Sage geht, daß Vineta drei Monate, drei Wochen und drei Tage vor seinem Untergang gewafelt habe, da sei es als ein Luftgebilde erschienen mit allen Türmen und Palästen und Mauern, und kundige Alte haben die Einwohner gewarnt, die Stadt zu verlassen, denn wenn Städte, Schiffe oder Menschen wafeln und sich doppelt sehen lassen, so bedeute das vorspukend sichern Untergang oder das Ende voraus – jene Alten seien aber verlacht worden.

An Sonntagen bei recht stiller See hört man noch über Vineta die Glocken aus der Meerestiefe heraufklingen mit einem trauervoll summenden Ton.

## 3. *Weh über Pommerland!*

Es war im Jahre 1624, da ward in Lüften eine seltsame Stimme gehört, die rief: Weh! weh über Pommerland! Weissagende Vögel erschienen, schneeweiß, von Farbe, nicht größer wie Schwalben, und wurden von mehreren Leuten gesehen und gehört. So vernahm eines Leinewebers Frau auf dem Wege von Kolbatz nach Selov eine warnende Vogelstimme. Und das Weh über

STRALSUND, VON DER ALTEN FAHRE

Pommerland hat nicht auf sich warten lassen, der bereits damals entbrannte Dreißigjährige Krieg brachte des Wehs genug und mehr als zuviel. Mit hunderttausend Mann zog Wallenstein nach Stralsund und schwur, er wolle und müsse diese Stadt und Festung gewinnen, und wenn sie mit Ketten an den Himmel geschlossen wäre. Und obschon er sie damals nicht gewann, so ward doch das Land ringsumher verderbt in Grund und Boden, und späterhin, im Jahre 1678, wurde Stralsund in einem andern Kriege innerhalb achtzehn Stunden durch Bomben entzündet, eingeäschert und erobert.

## *4. Julin*

Da, wo heute Wollin, die Stadt am breiten Dievenowstrome, liegt, der das Große Haff mit der Ostsee verbindet, hat vorzeiten auch gar eine große, geld- und volkreiche Stadt gelegen, die hieß Julin. Sie hob sich absonderlich zur Blüte nach dem Untergange der Stadt Vineta, und aller Handel zog sich nach ihr. Julin führte Kriege auf eigene Hand mit dem Dänenkönige Suen Otto, der mächtig war, und dreimal machten die Krieger Julins diesen König zum Gefangenen. Das erstemal mußte er so viel Silber zu seiner Lösung geben, als er schwer war, das Geld gab die königliche Kammer her. Das zweitemal mußte der König so viel Silbers zur Lösung geben, als er in seiner schweren Rüstung wog. Da hatte die Kammer kein Geld mehr, und es mußten königliche Krongüter verkauft und verpfändet werden. Da sich aber der König Suen Otto zum drittenmal unterfing, gegen Julin zu streiten, und zum drittenmal Gefangener wurde, da verlangten die zu Julin eine schwerere Lösung, nämlich des Königs Schwere in Gold. Da war nun guter Rat teuer, denn die Kammer hatte kein Geld, und die Krongüter lagen in Pfandschaft. Da haben alle begüterten Frauen Dänemarks ihren reichen Goldschmuck zusammengetan, und er hat hingereicht, den König zu lösen, dafür zum Danke gab König Suen Otto ein Gesetz, daß jede Frau Erbrecht haben solle auf ein Dritteil des Nachlasses ihres Gatten ohne Gefährde, da früher ihnen nur gar ein geringer Teil vergönnt war.

Als die Stadt Julin vom heidnischen Glauben zum christlichen Glauben übertrat, meldeten sich bei dem Bischof Otto auf einmal zweiundzwanzigtausend Einwohner zur Taufe an. Hernachmals aber ist das Volk von Julin wieder gottlos geworden, hat Christum verleugnet und ist in die heidnischen Greuel zurückgefallen, hat einen alten Götzen wieder hervorgesucht und ihm Feste gefeiert. Da hat Gott der Herr sich erzürnt und Feuer niederregnen lassen, wie auf Sodom und Gomorrha, und Julin von Grund aus verbrannt und nicht gelitten, daß sich durch neuen Bau die Stadt wieder erhole und aufrichte. Endlich kam auch noch im Jahre 1170 der Dänenkönig Waldemar durch die Dievenow mit einer großen Flotte, plünderte den Rest der Stadt und verbrannte, was von ihr wieder neu gebaut war, abermals. Da ward Julin verlassen, und seine Stätte blieb auf immer öde, und die wenigen Flüchtigen, die dem Verderben entrannen, erbauten die Stadt Wollin in der Nähe des alten Julin, die es nie zu hohem Flor hat bringen können. – Noch eine blühende Stadt, welche Julins Schicksal ein Jahrhundert früher teilte, war Jomsburg. Es war rund um einen schönen Binnensee gebaut, ganz nahe dem Jaminschen See, jener ist jetzt ein Sumpf und heißt die Müsse.

## *Quellenhinweis*

Die vorliegende Sammlung vereinigt in sich sämtliche in Ludwig Bechsteins „Deutschem Sagenbuch" (Leipzig 1853, Verlag von Georg Wigand; Neuausgabe von K. M. Schiller: Meersburg und Leipzig 1930) enthaltenen Sagen der vormaligen preußischen Provinzen Ostpreußen, Westpreußen und Pommern.
Sagennummern des Originalwerkes: 226–273, 222–225.

## *Nachwort des Herausgebers*

Preußen im ursprünglichen Sinne, d. h. Ostpreußen, Pomesanien und Kulmerland, ist 1231/83 vom Deutschen Orden (Deutschritterorden, Deutschherrenorden oder Kreuzritterorden) erobert, christianisiert und germanisiert worden. Bis zur Einführung der Reformation (1525) war es Teil eines weiträumigen Ordensstaates, der in seiner Blütezeit von der Oder bis zur Narwa reichte (Der Hochmeister des Ordens residierte seit 1309 in Marienburg, seit 1457 in Königsberg.). 1466 geriet Preußen unter die bis 1656/60 währende polnische Lehnsherrschaft. 1525 wurde es in ein weltliches Herzogtum umgewandelt. 1616 kam es in kurbrandenburgischen Besitz, ohne deswegen zum Deutschen Reich zu gehören. 1701 nahm der Kurfürst von Brandenburg den Titel „König in Preußen" an, und der Name Preußen ging nun auf den Hohenzollernstaat in seiner Gesamtheit über. – Westpreußen, d. h. hauptsächlich das alte Herzogtum Pommerellen, war von 1309 bis 1466 Ordensland. Danach gehörte es zum Königreich Polen, seit 1772 zum Königreich Preußen. – Das Herzogtum Pommern wurde 1181 deutsches Reichsland. 1648 erhielt der schwedische König Vorpommern als Reichslehn zugesprochen. Im gleichen Jahr kam Hinterpommern, 1720 Preußisch-Vorpommern und 1815 Neu-Vorpommern zum Hohenzollernreich.

Ostpreußen, Westpreußen und Pommern bildeten bis 1918 Provinzen des Königreiches Preußen (Von 1824–78 waren Ost- und Westpreußen in *einer* Provinz vereinigt). Der Versailler Vertrag (1919) bestimmte die Abtretung des größten Teiles von Westpreußen an Polen und des ostpreußischen Memellandes an Litauen und erklärte das westpreußische Danzig zum – vom Deutschen Reich unabhängigen – Freistaat. Die Siegermächte des II. Weltkrieges verfügten die Auflösung der preußischen Republik, wobei nur die Gebiete westlich von Oder und Neiße deutscher Verwaltung unterstellt blieben: Hinterpommern, das westpreußische Restgebiet, Danzig und das südliche Ostpreußen wurden nun ebenfalls polnisch, das nördliche Ostpreußen russisch, während Vorpommern zum Land Mecklenburg kam (Seit der Abschaffung der mitteldeutschen Länder im Jahre 1952 gehört Vorpommern teils zum Bezirk Rostock, teils zum Bezirk Neubrandenburg).

Mit dem hier vorgelegten Sagenbuch möchte ich vornehmlich denen eine Freude bereiten, die infolge der Kriegs- und Nachkriegsereignisse ihre angestammte Heimat in Ost- und Westpreußen sowie in Pommern verlassen mußten, ohne sie vergessen zu können. Wie sagt doch *Ludwig Bechstein*, der Erzähler dieser Sagen, im Vorwort zu seinem „Deutschen Sagenbuch", so schön: „Die Sage ist eine fromme Erhalterin und Nährerin der Heimat- und Vaterlandsliebe, ein ureigenstes Gut des Volkes; sie treu zu pflegen ist den zu solcher Pflege Berufenen eine heilige Pflicht." Und ein paar Absätze weiter lesen wir: „Die Sage ist patriotischer wie die Politik; sie gibt nichts her von Deutschland, sie läßt von ihrem heimischen Gebiet nicht rupfen und zupfen im Süden, Westen, Norden und Osten; sie behauptet und verteidigt, was einmal deutsch ist, und hält es eisern fest."

Wer war dieser Ludwig Bechstein? – Am 24. November 1801 in der Musenstadt Weimar geboren, früh verwaist und unter die Obhut eines Onkels genommen, läßt er sich nach Absolvierung des Lyceums (in Meiningen) zum Apothekergehilfen ausbilden. Als solcher ist er dann in Arnstadt, Meiningen und Salzungen – lauter thüringischen Städten – tätig. Doch schon bald regt sich sein poetisches Talent: mehrere Zeitschriften bringen Gedichte von ihm, und bereits 1823 gibt er sein erstes Buch heraus, die „Thüringischen Volksmärchen". Dieses Thema – Thüringen, seine Heimat, in Sage und Geschichte – wird ihn sein ganzes Leben hindurch (wenn auch keineswegs ausschließlich) literarisch beschäftigen. Rückblickend schreibt der über Fünfzigjährige (im Vorwort zum „Deutschen Sagenbuch"): „Auf mein eignes Leben warf schon frühzeitig der Sage wunderbarer Reiz seine Morgenstrahlen. Als Jüngling wanderte ich in einem sagenreichen Gau Thüringens umher und freute mich am Duft der schönen Wunderblume Poesie. Ilm und Gera, die Fluren von Arnstadt und Erfurt, der Drei Gleichen nachbarliche Burgen und sagendurchklungene Haine boten in Fülle ihren Stoff, doch lange nachher lernte ich der Sagen Geheimnis, ihren ganzen Zauber, erst recht erkennen, und lernte daran niemals aus. Ich sammelte anfangs mehr ins Gemüt als in Bücher . . . Ich bin den Sagen viel und lange nachgegangen und nachgezogen; im Thüringerwalde kenne ich so ziemlich jeden Weg und Steg . . ." – 1828 wird Herzog Bernhard von Sachsen-Meiningen auf den jungen Schriftsteller aufmerksam und ermöglicht ihm ein dreijähriges Studium (vor allem der Philosophie, Geschichte, Literatur und Kunst) in Leipzig und München. Anschließend bekleidet Bechstein verschiedene Posten im Meininger Bibliotheks- und Archivwesen, was seinen schriftstellerischen Neigungen nur zugute kommt. Seit 1840 darf er sich Hofrat nennen. Am 14. Mai

1860 stirbt er in Meiningen, ein umfangreiches und vielseitiges Œuvre hinterlassend.

Seine bedeutendste literarische Leistung stellen zweifellos seine Märchen- und Sagenbücher dar. Zu nennen sind hier vor allem das „*Deutsche Märchenbuch*" von 1845 (seit der 12., veränderten Ausgabe von 1853 „*Ludwig Bechsteins Märchenbuch*" betitelt), das „*Neue Deutsche Märchenbuch*" von 1856, das – schon mehrfach erwähnte – „*Deutsche Sagenbuch*" von 1853, „*Der Sagenschatz und die Sagenkreise des Thüringerlandes*" von 1835/38 (nur 4 von den geplanten 5 Teilen sind erschienen), „*Der Sagenschatz des Frankenlandes*" von 1842 (nur 1. Teil erschienen) und das „*Thüringer Sagenbuch*" von 1858 (2 Bände). Aus den 1000 Nummern des „*Deutschen Sagenbuches*" habe ich all diejenigen Sagen ausgewählt, die im ost- und westpreußischen sowie vor- und hinterpommerschen Raum angesiedelt sind. Wer sich dafür interessiert, aus welchen Quellen Bechstein geschöpft (was nicht heißt: einfach abgeschrieben!) hat, der sei insbesondere auf das 1837 veröffentlichte Gemeinschaftswerk von W. J. A. v. Tettau und J. D. H. Temme „*Die Volkssagen Ostpreußens, Litauens und Westpreußens*" hingewiesen.

# *Inhaltsverzeichnis*

I. Sagen aus Ost und Westpreußen